Grenzen der Entgrenzung

Dieter Kirchhöfer

Grenzen der Entgrenzung
Lernkultur
in der
Veränderung

PETER LANG
Frankfurt am Main · Berlin · Bern · Bruxelles · New York · Oxford · Wien

Bibliografische Information Der Deutschen Bibliothek
Die Deutsche Bibliothek verzeichnet diese Publikation in der
Deutschen Nationalbibliografie; detaillierte bibliografische
Daten sind im Internet über <http://dnb.ddb.de> abrufbar.

Gedruckt auf alterungsbeständigem,
säurefreiem Papier.

ISBN 3-631-53459-0
© Peter Lang GmbH
Europäischer Verlag der Wissenschaften
Frankfurt am Main 2005
Alle Rechte vorbehalten.

Das Werk einschließlich aller seiner Teile ist urheberrechtlich
geschützt. Jede Verwertung außerhalb der engen Grenzen des
Urheberrechtsgesetzes ist ohne Zustimmung des Verlages
unzulässig und strafbar. Das gilt insbesondere für
Vervielfältigungen, Übersetzungen, Mikroverfilmungen und die
Einspeicherung und Verarbeitung in elektronischen Systemen.

Printed in Germany 1 2 3 4 6 7

www.peterlang.de

Hinführung:
Das Thema Lernkultur hat in der Gesellschaft eine rasche Verbreitung gefunden. EU-Kommissionen beschäftigen sich in gleicher Weise damit wie professorale Bildungsforen, regionale Projektverbünde oder Lernwerkstätten, universitäre Lernzentren oder Gewerkschaftskommissionen. Insofern ist es eigentlich vermessen, dem Thema noch neue Akzente oder Einsichten abgewinnen zu wollen. Die Schrift stellt die Herausbildung einer neuen Lernkultur als objektiven Entwicklungsprozess einer sich entgrenzendender Arbeitsgesellschaft dar. Sie erörtert und kommentiert vieldiskutierte Entwicklungen des Lernens, die sich mit den Vorstellungen einer neuen Lernkultur verbinden und sucht diese in umfassendere Entgrenzungsprozess in der Gesellschaft einzuordnen. Als zentrale Elemente der neuen Lernkultur werden in Übereinstimmung mit der sozialwissenschaftlichen Literatur die zeitliche und räumliche Expansion des Lernens, die Orientierung des Lernens auf die Aneignung von Kompetenzen, die Pluralisierung der Lernorte und Lernformen oder die Selbststeuerung und Selbstorganisation des Lernens identifiziert. In der bewussten Unterscheidung zu verbreiteten Diskussionen vor allem der Erwachsenenpädagogik reflektiert die Schrift jedoch auch gegenläufige oder gleichzeitige Entwicklungen des Lernens und daraus sich ergebende widersprüchliche Spannungen, in denen die neue Lernkultur sich bewegt: Insofern versucht die Schrift - und das könnte gegenüber thematisch gleichgelagerten Schriften eine Weiterführung sein – die Entwicklung der neuen Lernkultur in ihrer Widersprüchlichkeit und auch in ihren Begrenzungen zu sehen. Sie orientiert auf die Übergänge, Vermittlungen und Zwischenformen und vermeidet eine wertende Gegenüberstellung von tradierter und neuer Lernkultur. Sie betont, dass verschiedene Formen der Lernkultur für unterschiedliche Aufgaben notwendig sind und nebeneinander existieren werden.
Die Darstellung der Widersprüchlichkeit lässt in der Schrift auch den Raum, die sozialen Implikationen einer neuen Lernkultur zu erörtern. Eine konsequent durchgesetzte neue Lernkultur könnte auch die Gefahr in sich tragen, die Bildungsdifferenzierung und die Teilung der Gesellschaft in bildungsnahe und bildungsferne Schichten zu vertiefen und so die soziale Differenzierung der Gesellschaft zu verstärken. Insofern wendet sich die Schrift auch an die Verantwortung von Bildungspolitikern und Bildungswissenschaftlern, die Forderung nach einer neuen Lernkultur kritisch zu begleiten. Das Fazit der Schrift ist ein Bekenntnis zu einer neuen Lernkultur, die ihre Produktivität aus den Spannungen der in ihr verlaufenden Veränderungen des Lernens erhält.
Der Band stützt sich auf Diskussionen der Erwachsenenpädagogik, die im Diskurskreis der Arbeitsgemeinschaft Betriebliche Weiterbildungsforschung (ABWF) geführt wurden und an denen der Autor teilnehmen konnte. Eigene Forschungsarbeiten im Bereich der Schulentwicklung gestatteten, über den Bereich der Erwachsenenpädagogik hinausgehende Erkenntnisse zur Organisation des Lernens darzustellen.

Der Gang durch das Buch:
Die Schrift geht von empirisch wahrnehmbaren Veränderungen des Lernens im Alltag aus und fragt einleitend, ob sich damit auch eine neue Lernkultur herausbildet. In der Beantwortung stützt sich die Schrift auf das Paradigma der Entgrenzung der Arbeit und leitet von dorther die Entgrenzungen der Lebensführungen und des Lernens ab, die gemeinsam mit den Entgrenzungen in der Arbeit wirken. Den Entgrenzungen des Lernens wird in der Analyse der Entgrenzung der Lernresultate, der Lernorte, des Lernprozesses und der Lernformen nachgegangen. Insbesondere das Kapitel zu den Entgrenzungen des Lernprozesses erörtert die Frage nach dem Übergang von der Fremdsteuerung zur Selbstorganisation des Lernens und stellt die Kompetenz zur Selbstorganisation des Lernens in den Mittelpunkt der sich herausbildenden neuen Lernkultur. Damit wird die eingangs gestellte Frage nach einer neuen Lernkultur wieder aufgegriffen und diese neue Lernkultur als System von Regeln, Werten, Normen (Ordnern) der Selbstorganisation charakterisiert. Die Schrift schließt mit einem Kapitel ab, in dem der Frage nachgegangen wird, ob die neue Lernkultur auch die allgemeinbildende Schule erreicht oder schon erreicht hat und evtl. auch eine neue schulische Lernkultur hervorbringt. Auch hier steht die Schrift gegen den schulkritischen Meinungsstrom, indem sie auf die vielfachen Veränderungen schulischen Lernens verweist.

Gliederung

1. Verändertes Lernen und neue Lernkultur	9
1.1. Die Veränderungen des alltäglichen Lernens	10
1.2. Eine veränderte Lernkultur?	12
1.3. Eine kritische Perspektive auf die Perspektiven	18
2. Die Entgrenzung des Lernens	25
2.1. Entgrenztes Arbeiten – die ökonomische Verursachung des entgrenzten Lernens	25
2.2. Grenzen der Entgrenzung des Arbeitens	30
2.3. Entgrenzte Lebensführung – die flexible Alltagsorganisation	32
2.4. Entgrenzung des Lernens	36
3. Von der Qualifikation zur Kompetenz – die Entgrenzung der Erkenntnisresultate	41
3.1. Kompetenz – nur ein neuer Begriff?	42
3.2. Nachdenkliches zum Kompetenzverständnis	46
3.3. Beschreibung, Bewertung und Messung von Kompetenzen	51
4. Von der Schule zum sozialen Umfeld – die Entgrenzung der Lernorte	55
4.1. Lernen im Prozess der Arbeit	57
4.2. Lernen im sozialen Umfeld	59
4.3. Lernen im Netz und Multimedia	61
4.4. Lernhaltigkeit der Tätigkeit	64
4.5. Lernförderlichkeit der Lernorte	69
5. Vom formellen zum informellen Lernen – die Entgrenzung der Lernformen	75
6. Von der Fremdsteuerung zur Selbstorganisation – die Entgrenzung des Lernprozesses	83
6.1. Das Paradigma der Selbstorganisation. Selbstorganisation als Systemeigenschaft	84
6.2. Selbstorganisation als subjektive Handlungsweise	87
6.3. Elemente der Selbstorganisation im Lernen	88
6.4. Reflexion und Selbstreflexion in der Selbstorganisation	92
6.5. Organisation in der Selbstorganisation	94
6.5.1. Selbstorganisation und Deinstitutionalisierung	95
6.5.2. Selbstorganisation und Deprofessionalisierung	100
7. Die neue Lernkultur – eine Lernkultur der reflexiven Moderne?	105

8. Die neue Lernkultur in der allgemeinbildende Schule 117
8.1. Entgrenzungen der schulischen Lernkultur 117
8.2. Widersprüche in der Herausbildung einer neuen Lernkultur 125
8.3. Ist eine neue Lernkultur lehrbar? 127

Anmerkungen 131
Literatur 133

1. Verändertes Lernen und neue Lernkultur

Das einleitende Kapitel beschreibt Veränderungen des alltäglichen Lernens, wie es sich in der Produktion, der Konsumtion und der Freizeit, aber auch im Umgang mit Behörden und Ämtern vollzieht. Es wirft die Frage auf, ob aus den partiellen Veränderungen des Lernens auch auf die Veränderung der gegenwärtigen Lernkultur geschlossen werden kann. Die kritische Sicht auf die Perspektiven der Analyse verwirft vor allem die ausschließlich ökonomische Betrachtung der neuen Lernkultur und fordert eine zivilgesellschaftliche und lebensgestaltende Perspektive ein.

Ein Begriff hat Konjunktur. „Eine neue Lern- und Lehrkultur gestalten", „neue Lernkulturen in Unternehmen",„auf dem Wege zu einer neuen Lernkultur" ein „Lernkulturwandel" – die Inflation des Begriffs "Kultur" hat nun auch das Lernen erreicht und signalisiert ein Erkenntnisbedürfnis inmitten hektischer Reformanstrengungen und divergierender Bildungsverhältnisse Orientierung zu finden. In einer Zeit wachsender Unsicherheit und Unübersichtlichkeit verheißt der Kulturbegriff ordnende und normierende Wirkung. Es scheint so, als fungiere er als Gegenbegriff zu dem des Chaos, dessen Regellosigkeit und Zufälligkeit nach Ordnung und Ordnern ruft. Etabliert sich vielleicht mit dem Begriff der Lernkultur ein Ordnungsversprechen für das Lernen, dass Ziel und Richtung verheißt? Fungiert eine solche Verheißung vielleicht als Ideologie, hinter deren Schild sich Gruppeninteressen formieren, die in Bildung neue Herrschafts- und Kontrollansprüche konstituieren wollen oder die eine Hoffnung schöpfen lässt, dass sich im scheinbar starren Bildungswesen etwas ändert?
Sozialwissenschaftler, die Konjunkturen wechselnder Begriffe gewohnt, erschreckt ein solch neuer Begriff nicht, aber die Intensität seines Gebrauchs sollte aufhorchen lassen. Neue Begriffe könnten auch Anzeichen für objektive Veränderungen in einer sich verändernden Lernwelt sein, die man zwar zeitweilige ignorieren kann, die dann aber sich mit noch größerem Nachdruck bemerkbar machen. Offensichtlich verbindet sich mit den Vorstellungen zu einer neuen Lernkultur nicht nur eine vereinzelte pädagogische Maßnahme, sondern mit ihm werden auffällige Erscheinungen eines sich entgrenzenden Lernens reflektiert, die seit längerer Zeit mit solchen Begriffen wie lebenslanges, lebensumspannendes, informelles, selbstorganisatorisches oder innovatives Lernen gefasst werden. Das Lernen verändert sich, auch wenn der Einzelne diese Veränderungen vielleicht nicht so intensiv wahrnimmt. Insofern ist die Herausbildung einer neuen Lernkultur mit vielen sich real vollziehenden räumlichen, zeitlichen, medialen und sozialen Veränderungen des Lernens und deren gesellschaftliche Reflektionen verbunden. Es wäre realitätsfern, sich einer solchen Bewegung zu verweigern oder darin nur eine Perfektion des Herrschaftsinstrumentariums einer entfesselten Marktwirtschaft und deren ideologischer Konstruktionen zu sehen.

1.1. Die Veränderungen des alltäglichen Lernens

In der Produktion. Für den Einzelnen einsichtig und auch sinnlich spürbar verändern sich die Bedingungen in der materiellen Produktion. Seit Anfang der 90er Jahre vollzieht sich eine massenhaft wirkende schicht- und regionalübergreifende Veränderung des Lernens in der Erwerbstätigkeit. Obwohl Millionen potentieller Produzenten aus den traditionellen Formen der Berufstätigkeit ausgeschlossen sind, sich in vielen Bereichen die Qualifikationsanforderungen auf Anlerntätigkeiten reduzieren und häufige Entwertungen gerade erworbener Qualifikationen vollziehen, erfährt die übergroße Mehrheit der Erwerbstätigen, dass sie in ihrer Tätigkeit einem ständigen Lernprozess unterworfen sind. Sie sind gezwungen, sich in einer verändernden internationalisierten Produktion und einem entsprechend fluiden Arbeitsmarkt ihr Wissen den neuen Technologien und Arbeitsmitteln anzupassen, sich von Kenntnissen über nicht mehr effiziente Verfahren zu trennen und neue Produktionsprinzipien zu begreifen. Sie machen an ihren Arbeitsplätzen die Erfahrung, dass „ihr" Unternehmen in einem internationalen Konkurrenzkampf steht, das international gesteuerte Verteilungskämpfe über ihren Arbeitsplatz entscheiden. Die verkürzten Produktzyklen, der rasche Verschleiß von Innovationen oder die ständige Reproduktion von neuen Erwerbstätigkeiten und Professionen in den Produktionsbereichen zwingen zu einem arbeitsintegrierten oder arbeitsbegleitenden Lernen, dass sich zwar einzelner lernförderlicher betrieblicher Stützstrukturen bedienen kann, aber wesentlich selbstgesteuert und selbstorganisiert vollzogen werden muss. Mit einer wissensbasierten Dienstleistungsgesellschaft ist ein Sektor produktiver Tätigkeiten entstanden, der ständig neue Tätigkeiten und Professionen hervorbringt und in dem der richtige Zeitpunkt des Aufgreifens, Umsetzens, Verbreitens von Ideen zu einem Produktionsprinzip geworden ist. Vor allem Jugendliche machen dabei die Erfahrung, dass ihre in der Berufsausbildung erworbenen Qualifikationen bei Berufsantritt nicht nur veraltet sind, sondern eine erfolgreiche Erwerbstätigkeit auch weiterer, z.B. sozialer Kompetenzen bedarf, die sie außerhalb der Ausbildung erworben haben müssen (Böhnisch/Schroer 2002). Nicht mehr die zertifizierte Erstqualifikation garantiert die Übernahme in die beruflich orientierte Erwerbstätigkeit, sondern die informell erworbene Kompetenz ermöglicht sie (Arnold/Lermen 2003, S.24). Der beruflich bedeutsame Kompetenzerwerb wird zu einem fortwährenden Prozess, den man nicht in der Jugendphase abschließen kann, um dann erwachsen und erwerbsfähig zu sein, sondern er muss ständig erneut in einem "lebenslangen Lernen" vollzogen werden. Eine solche Sichtweise hat in der Zwischenzeit durch die massenhaften und sich rasch verbreitenden Erfahrungen biographischer Brüche in der Erwerbsbiographie eine vielfache Bestätigung erfahren.

In der Konsumtion. In den Diskussionen zum veränderten Lernen werden möglicherweise die alltäglichen Lernprozesse in der *Konsumtion* unterschätzt, obwohl häufig die Wohlstandssicherung auf hohem Anspruchsniveau als ein Merkmal nachindustrieller Gesellschaften gesehen wird. Auch wenn kulturell differenziert ausgeprägt und mit einer nicht zu übersehenden Tendenz wachsender Einschränkung bilden die Vielfalt, die hohe Dynamik und die zunehmende Eigenaktivität in der Konsumtion eine wesentliche Erscheinung gegenwärtiger Lebensführungen, und es ist sicher nicht verfehlt, davon auszugehen, dass damit neue, veränderte Lernverhältnisse entstehen.. In den letzten Jahrzehnten haben sich Millionen Konsumenten aller Altersstufen selbstorganisiert Kenntnisse im Umgang mit den Medien, mit dem Computer, mit dem Internet angeeignet, sie bedienen – ohne systematische Hin- oder Einführung – ihre Handys in technisch immer weiter perfektionierten Versionen. Bürger gleich welchen Geschlechts stehen mit jedem Kauf eines neuen Produkts vor Herausforderungen des Lernens und unterwerfen sich z.T. lustvoll Selbstbastelanleitungen und Bedienungsvorschriften. Komplexität und Selbstanspruch des Lernens haben sich offensichtlich im Bereich der Konsumtion erhöht und konstituieren regelrecht Marketingstrategien, in denen die Bereitschaft des Kunden an der Produktentwicklung mitzuwirken nur einen vorläufigen Höhepunkt darstellt. In dem Zusammenhang müssen die Käufer auch neue Kompetenzen des Umgangs mit verschiedenen Formen der Käuferrechte, der Service- und Garantieleistungen erwerben und praktizieren. Die *Freizeit- und Gesundheitssektoren* bringen ständig neue Tätigkeitsfelder hervor, die erst langwieriges Lernen, Üben und Trainieren voraussetzen, bevor sie Entspannung und Abwechslung ermöglichen. Die – ungeachtet von der Motivation – gestiegene Körperbewusstheit hat ein Lernfeld hervorgebracht, dass einerseits eine hohe medizinische Interessiertheit involviert, andererseits die Gefahr einer medizinischen Halbbildung in einem überflutenden Werbemarkt begünstigt. Unabhängig von dieser Einschränkung kann man zumindest für Deutschland davon sprechen, dass der eigene Körper ein Lerngegenstand geworden ist, der enorm viel Zeit, Anstrengung und finanzielle Mittel beansprucht. Das Erlebnis des eigenen Körpers wird zu einem Grunderlebnis in mitten einer Erlebnisvielfalt, die das Individuum zuzuschütten droht. Doch diese Erlebniswelt ist in ihren Lerninhalten unerschöpflich, und es ist wiederum die Produktion die ständig neue Innovationen hervorbringt, die das Individuum zum Lernen zwingen. Konsum- und Freizeit haben insofern eine Welt des Lernens hervorgebracht, in der sie nicht fremdgesteuert zum Lernen aufgefordert werden, für die sie nicht institutionell vorbereitet worden sind, für die keine lernförderlichen organisatorischen Strukturen existieren, deren Anforderungen sie aber trotzdem souverän meistern.

In der Administration. Die alltägliche Lebensführung ist von einem Gespinst juristischer Regelungen, Muster und Klauseln umwoben, dessen Transparenz und Beherrschung intensivster Lernprozesse bedarf. Der Umgang mit Finanzämtern, Kreditinstituten, Steuerberatern, die oft nichtdurchschaubare institutionelle Dickichte von Vorschriften und Regeln aufgebaut haben, bedarf zu seiner Bewältigung heute schon professioneller Lernhilfe. Das Ausfüllen der Steuererklärung, die Verschriftlichung einer Patientenverfügung, die Transparenz eines Bausparvertrages oder nun auch die Formulierung eines Antrages für das Arbeitslosengeld stellen intellektuelle Prozesse dar, die eigentlich einer systematischen Aneignung in einer erweiterten Allgemeinbildung bedurft hätten. Es sei hier allerdings auch schon angedeutet, dass Veränderungen dieser Art auch durch gegenläufige Prozesse begleitet werden. Einem wachsenden Anspruchsniveau des Lernens in diesen Bereichen stehen Infantilisierungen in der Unterhaltung, dem Showbusiness, der Werbung oder der politischen Kultur gegenüber, die in ihrer Banalität und Trivialität nicht mehr zu übertreffen sind. Die zunehmende Selbststeuerung und wachsende individuelle Autonomie in der Erwerbstätigkeit wird oft durch eine indirekte Fremdsteuerung begleitet, die eine rigide Unterwerfung fordert. Dem Abbau von normativen Regelungen in sozialen Gemeinschaften stehen Selbstdisziplinierungen entgegen, die das Individuum sich selbst aufzuerlegen gezwungen ist.

Die wenigen Belege empirisch wahrnehmbarer Veränderungen lassen aber unabhängig von diesen gegenläufigen Tendenzen – von denen noch mehrfach die Rede sein wird – erkennen, dass sich offensichtlich Veränderungen des Lernens vollziehen, die in allen Bereichen des Alltags wirken und die Grenzen des institutionellen Lernens verlassen haben, die in allen Lebensphasen wirksam werden und Persönlichkeitsdispositionen erfassen, die über einzelne Wissens- und Fertigkeitsbestände hinausgehen. Die Frage kann also nicht mehr lauten, ob sich ein verändertes Lernen herausbildet und ob ein solches Lernen wünschenswert ist, sondern nur noch wie, in welchem Tempo und in welchen wechselnden Dominanzen sich dieses Lernen vollzieht. Das Individuum hat – bei Strafe seines Unterganges – keine Chance sich diesem veränderten Lernen zu entziehen oder zu verweigern, es kann nur noch entscheiden, wie es sich auf dieses Lernen am effektivsten einstellt und mit ihm Schritt hält. Verurteilt zu lebenslangem Lernen.

1.2. Eine veränderte Lernkultur?
Mit den oben genannten Beispielen eines sich verändernden Lernens in der Produktion, Konsumtion oder Administration sind einige Merkmale eines sich verändernden Lernens angedeutet: Es besteht seit längerem Einmütigkeit darüber, dass dieses veränderte Lernen vor allem durch die Nutzung von Informations- und Kommunikationstechnologien, durch die rasche Verfallszeit des Wissens, die Intensität der technischen und wissenschaftlichen Innovationen und deren soziale und intellektuelle Folgen oder durch die Unberechenbarkeit künftigen Informationsbedarfs charakterisiert wird. Die Tatsache, dass sich Lernen in der Gegenwart verändert - ein eigentlich immerwährender Prozess - muss jedoch noch nicht besagen, dass sich auch die Kultur des Lernen verändern müsste. Eine solche Frage zu stellen, erscheint sogar als tautologisch, als jede Veränderung von Lernen auch die jeweilige Lernkultur berührt, in die sie eingebettet ist, und doch scheint sich mit dem Begriff „Kultur" mehr zu verbinden.
Lernkulturen bilden sich in gemeinsamen Handlungs- und Erfahrungszusammenhängen menschlicher Tätigkeiten heraus und dienen den Menschen dazu, ihr

Lernen zu orientieren, zu ordnen und zu regeln. *Der Begriff „Lernkultur" bezeichnet danach strukturierte Gesamtheiten von Institutionen, Tätigkeiten, Mentalitäten und Traditionen, deren wesentliche Funktion darin besteht, in Gemeinschaften gleichgelagerte handlungsleitende Orientierungen des Lernens zu vermitteln, kollektiv erzeugte und geteilte Haltungen und Wahrnehmungen zum Lernen anbieten und mit Systemen von Ordnern (Werte, Normen) Lernen zu konstituieren (Erpenbeck 1997, 2003)* (Anm.1). Um uns nicht in den mehr als 100 verschiedenen Kultur und Lernkulturdefinitionen zu verstricken, beschränken wir uns auf folgenden Merkmalsraum:
- Lernkulturen haben eine ordnende Funktion, sie fungieren als Systeme von Ordnern (Werte, Muster, Symbole, Gewohnheiten, Mentalitäten, Vergegenständlichungen).
- Sie entstehen, entwickeln, vergehen in sozialen Beziehungen, indem sie Kooperation und Kommunikation der Individuen beschreiben, deuten, steuern, mit denen und in denen Individuen und Gruppen ihre Lernprozesse vollziehen.
- Sie weisen eine identitäts- und persönlichkeitsorientierte Dimension auf, indem sie eine Vielzahl von moralischen, emotionalen, volitiven Bezügen zum Selbst der Subjekte herstellen, die über kognitive Zusammenhänge hinausgehen (Einstellungen, Gewohnheiten; Aversionen, Sympathien, Stimmungen). Die Lernkultur als rationales Gebilde beruht in dem Sinne auf einem Unterbau, einer Basis, einem Sockel von nichtrationalen Momenten.
- Lernkulturen vergegenständlichen/verfestigen sich in Verhältnissen, Symbolen, Strukturen und Gegenständen, die Lernen ermöglichen und/oder behindern und die wiederum institutionell/organisational/regional verwurzelt sind.

Insofern kann man Lernkulturen weder verordnen noch mit Programmen einführen oder gar in Sonntagsreden beschwören. Sie wachsen historisch langfristig unter den jeweiligen ökonomischen und sozialen Bedingungen, häufig für den Einzelnen gar nicht merkbar, aber ihm als Tatsache gegenüberstehend. Sie bilden sich mit der Entwicklung der gesellschaftlichen Arbeitsteilung in Unternehmen, Institutionen, Organisationen auf individueller, regionaler und nationaler Ebene heraus, sie entwickeln sich auf den verschiedenen Stufen der individuellen Ontogenese in unterschiedlicher Weise, und sie bringen eine Eigendynamik hervor, die wiederum Differenzierungen erzeugt. So bilden sich in den einzelnen Lebensbereichen milieu-, geschlechts-, regionalspezifisch differenzierte Lernkulturen heraus, die wiederum auf unterschiedliche Weise miteinander verbunden sind und in denen auch zukunftsorientierte Merkmale mit Momenten sog. traditioneller Lernkulturen koexistieren. Lernkulturen folgen nicht nur einer eindimensional ausgerichteten Ordnung, die „Ordnungslinien" verlaufen in den einzelnen Lebensbereichen verschiedenen Tendenzen und vielleicht erwächst die Innovationshaltigkeit von Lernkulturen vor allem aus der Differenz - nicht dem Dissens - dieser Tendenzen. Ministeriell angelegte Programme zur Entwicklung von Lernkulturen wie z.b. „Lernende Region", „Lernkultur – Kompetenzentwicklung", „Innovative Arbeitsgestaltung" werden diese Differenziertheit zu beachten haben und sich dem Streben nach einheitlichen top-down Modellen verschließen müssen. So könnte es sich auch als Irrweg erweisen, für Regionen homogene einheitliche Lernkulturen anzustreben oder solche zu deklarieren.

Nördlich Berlin erstreckt sich im Raum Hennigsdorf- Velten seit dem I. Weltkrieg eine Industrieregion, die durch zwei Großbetriebe bestimmt ist: AEG mit dem Fahrzeugbau und das Stahlwerk. Die Bewohner der Region arbeiteten fast ausschließlich in diesen zwei Betrieben, ihre Qualifikationen waren vom Bedarf der industriellen Fertigung abhängig, wurden durch die Unternehmensführungen bestimmt und begleiteten lebenslange beruflich gebundene Arbeitsverhältnisse. Die Betriebe verfügten über eigene Aus- und Weiterbildungsstätten, Fachschulen und Forschungszentren. Qualifikationen wurden betriebsintern erbracht, der Arbeitende verließ zum Lernen nicht den betrieblichen Rahmen und wusste um seinen Platz in der Leitungs- und Bildungshierarchie.
Seit Bestehen der Betriebe entwickelten beide Orte ein umfangreiches soziales Wohnungsprogramm, in dem die betriebseigenen Wohnungen nicht nur die Bindungen an den Betrieb verstärkten, sondern auch eine bestimmte Art der Sozialität erzeugten. Wiederum betrieblich organisierte Sportvereine, Chöre, Kleingartenvereine unterstützten diese Gemeinschaftlichkeit. Arbeiten, Leben und Lernen bildeten als Einheit für die Betriebsangehörigen und ihre Familien eine Normalität. Man gehörte dazu und erhielt nicht nur das Einkommen, sondern auch einen zugeteilten Lernraum und ein Möglichkeitsfeld kultureller Betätigung.
Die Lernkultur war insofern über viele Jahrzehnte betrieblich strukturiert, zentral gesteuert und griff auch in die Lebensführungen ein. Sie ließ für den Einzelnen Spielräume für aktives Mitgestalten und verantwortliches selbstgesteuertes Handeln der Lernenden nur innerhalb dieser betrieblichen Rahmenbedingungen. Es ist leicht einsichtig, dass mit dem Herbst 1989 Um- und Neuorientierungen des Lernens einsetzten, die bis zum heutigen Zeitpunkt andauern.

Die weitere Darstellung von „Lernkultur" in dieser Arbeit sieht von dieser vielfach begründbaren sozialen, regionalen, geschlechtlichen, altersmäßigen, administrativen Differenzierung und Differenziertheit der Lernkulturen in der Gesellschaft ab. Es geht politischen Entscheidungsträgern, pädagogischen Wissenschaftern, Lehrerbildnern nicht um die Lernkultur von Unternehmen oder Institutionen, von Jugendliche oder Pensionären, Männern oder Frauen, sondern um die Lernkultur, die sich im nationalen Raum herausbildete und die Geisteshaltung und Handlungsweise aller Mitglieder der Gesellschaft erfasst. Die hier verfolgten empirisch wahrnehmbaren Veränderungen des Lernens sind Teil eines Wandels der Lernkultur, der alle individuellen und kollektiven Subjekte eines geopolitischen Raumes - vorläufig der Nation - erfasst, der die Werthaltungen gegenüber dem Lernen in der Gesellschaft neu ordnet, der Mentalitäten, Stimmungen - also auch den nichtrationalen Basisbereich - verändert und der vor allem massenhaft neue Verhaltens- und Handlungsweisen hervorbringen muss.
Das Ordnungsgefüge oder -geflecht der Beziehungen der Subjekte zum Lernen

verändert sich. In dieser national geprägten Lernkultur finden sich die verschiedenen differenzierten Lernkulturen wieder und nehmen im einzelnen auch Züge der nationalen Kultur an. So wird das Lernen in den Arbeitskulturen auf Zertifizierungen orientiert sein und auf Hierarchisierungen verweisen, das Lernen in den Schulkulturen wird die Verantwortung der Eltern und der Lehrer betonen und die Schule auch als staatliche Institution stützen. In der Realität ergeben sich wiederum Überlagerungen aus anderen nationalen Kulturen, denen Widerstand entgegen gesetzt werden kann (z.b. in Frankreich der sog. „Amerikanisierung") oder die euphorische Nachahmer und Anhänger finden. Die Globalisierung als umfassender Internationalisierungsprozess wird eine generelle Tendenz auch der Internationalisierung der Lernkulturen hervorbringen. Von Interesse dürfte sein, inwieweit sich die nationalen Kulturen in diese internationale Kultur einbringen, sich die einzelnen Nationen und Regionen mit ihren Kulturen darin wiederfinden und eine produktive Interaktion zwischen den Kulturen entsteht. Schaut man auf die Lernkultur in Deutschland - die regionalen Unterschiede an dieser Stelle ausgeklammert – so hat sich in den vergangenen Jahrhunderten eine nationale Lernkultur herausgebildet, die dem Bürger eine Vielzahl nützlicher, konkreter und stofflich inhaltlich definierter Kenntnisse, Fähigkeiten und Fertigkeiten vermitteln wollte. Vereinfacht könnte man auch sagen: Der Bürger sollte in dieser traditionellen Lernkultur in einer zeitlich begrenzten Lebensphase durch dafür legitimierte und zunehmend auch ausgebildete Personen in normativ geprägten Institutionen ausgebildet und/oder gebildet werden. Dazu sollte sich einer verpflichtenden Lernphase der Vermittlung grundlegender Kulturtechniken und einer mehr oder weniger kanonisierten Allgemeinbildung eine Phase beruflicher Erstausbildung oder eine weiterführende höhere Bildung anschließen, die wiederum in ein Studium münden konnte, das gleichfalls mit einem Berufsabschluss oder einer Berufsberechtigung abschloss. Der deutsche Berufs- und Beamtenstaat erfuhr durch die Lernkultur Vorbereitung und Vervollkommnung. Lernen war eine fremdbestimmte Pflicht, der man sich als Untertan zu unterwerfen hatte. Der Erstausbildung folgten im weiteren Lebensverlauf aufstiegs- und aufgabenorientierte Weiter- und Fortbildungsmaßnahmen, die meist eine Zertifizierung des beruflichen Aufstiegs oder einer Anpassung an veränderte Arbeitsbedingungen dienen sollten und durch den Betrieb und professionalisierte Institutionen organisiert wurden. Der Arbeitnehmer wurde dazu durch Unternehmensführungen oder Verwaltungen verpflichtet oder beauflagt. Mit dem 30.-35. Lebensjahr musste dieser Prozess abgeschlossen sein, um dann in einer Leistungsphase auch ökonomisch wirksam zu werden. Spätere Flexibilisierungen und Öffnungen einer öffentlich geförderten Bildung, aus wohlfahrtsstaatlichen Zeiten stammend, wie z.B. in Bildungsurlauben, des sog. Zweiten Bildungsweges oder der akademischen Seiten- oder Quereinsteiger, änderten wenig an dieser Grundstruktur. Man könnte parodisierend zusammenfassen, das mit dem Deutschen Abitur, dem verbeamteten Gymnasiallehrer und dem verordneten und bestätigten Weiterbildungskurs die obrigkeits- und nationalstaatli-

che Organisation dieser Lernkultur eine vollkommene Ausprägung erfahren hatte. Diese Lernkultur bestimmte weitgehend auch das schulische Lernen. Die Defizite dieser Lernkultur sind nahezu in allen Bildungsdiskussionen unumstritten (Arnold 1997, Staudt/Kriegesmann 1999, Mittelstraß 2000, Steffens 2000, Vereinigung der Bayrischen Wirtschaft und der PrognosAG 2003):
- die Dominanz des Lernens durch das Lehren und die Herausbildung der Lernkultur als Belehrungskultur,
- die Synchronizität des Lernens in Lernergruppen und die daraus resultierende verpflichtende kollektive Lernorganisation;
- die Asymmetrie des Lehrens, die den einseitigen Methodenbesitz, die Bewertungshoheit und die Zielbestimmung dem Lehrenden vorbehält,
- die curriculare Fixierung auf sog. unverzichtbare Bildungsinhalte einer kulturellen Überlieferung.

Dieses Modell des institutionell organisierten und hierarchisierten Lernens erodiert gegenwärtig unter dem Einfluss der Entgrenzungen in der Arbeitsgesellschaft, wobei wir davon absehen, dass der millionenfache Umbruch von Lebensführungen in Ostdeutschland diese Erosion beschleunigte und wiederum neue Lernformen erzwang, die „Umrisse des gesamtdeutschen Schul- und Bildungssystems der Zukunft abzeichnen" (Zymek 1996, S.42)könnten.

Das Zukunftsprojekt „Bildung neu denken"(VBW 2003, S.2) der Vereinigung der bayrischen Wirtschaft verweist mit einer deutlichen Akzentverschiebung auf sog."gravierende Mängel des Bildungssystems":
- Das Bildungssystem ist durch Bürokratisierung, Verrechtlichung, Überregulierung und unnötigen Staatseingriff gekennzeichnet.
- Im deutschen Bildungssystem fehlt es an Möglichkeit und Bereitschaft individueller Verantwortungsübernahme durch d en Einzelnen.
- Das deutsche Bildungssystem schafft für Lehrende und Lernende zu wenig Leistungsanreize und fördert weder Leistungs- noch Wettbewerbsbereitschaft.
- Die Bildungsbeteiligung im deutschen Bildungssystem ist unzureichend und sozial ungleich verteilt, die Leistungselite ist zu klein, die Zahl der Leistungsschwachen und Benachteiligten zu groß.
- Lernziele, Unterrichtsinhalte und Lehrmethoden befinden sich nicht auf dem neuesten Stand der Forschung und sind deshalb modernisierungsbedürftig.
- Das Bildungsverständnis des deutschen Bildungssystems ist revisionsbedürftig in Hinblick auf mehr Verbindlichkeit, mehr Standardisierung, eine stärkere Vermittlung personaler (Schlüssel)Qualifikationen und eine deutlichere Orientierung an der Arbeits- und Berufswelt.
- Das deutsche Bildungssystem geht verschwenderisch mit Lern- und Arbeitszeit um.

- Die öffentliche Finanzierung des Bildungssystems ist international unterdurchschnittlich und unzureichend, gleichzeitig werden Privatinitiativen behindert.
- Das deutsche Bildungssystem vernachlässigt seine wichtige soziale Stabilisierungsfunktion, die es neben der Vermittlung von Kritikfähigkeit und Veränderungsbereitschaft auch besitzen muss.
- Das deutsche Bildungssystem ist reformunfähig, weil mächtige Interessengruppen Veränderungen blockieren.

Die Aufzählung der Defizite beantwortet bis jetzt noch nicht, ob sich mit dem sich verändernden Lernen auch eine neue Lernkultur herausbildet oder herausgebildet hat. Die an sich berechtigte Antwort, dass die Herausbildung einer Lernkultur ein offener Prozess sei, bei dem man nicht sagen könne, ob eine neue Qualitätsstufe der Kultur erreicht sei, überdeckt eine kritische Analyse des gegenwärtigen Zustandes, auch Prozesse lassen den erreichten Stand markieren. Die gegenwärtige Unbeholfenheit der Bildungspolitik gibt insofern Anlass zu Besorgnis, ob Öffentlichkeit und Staat die Tragweite bevorstehender Veränderungen überhaupt wahrnehmen. Vergleicht man den Arbeitsstandpunkt der Bayrischen Wirtschaft und der dort in einem internationalen Vergleich gewonnenen Defizite mit den gegenwärtigen offiziellen Anstrengungen, so muss man nüchtern feststellen, dass wichtige Bereiche der neuen Lernkultur durch Veränderungen nicht einmal tangiert werden: Nur als Anmerkungen seien genannt: Nach wie vor werden Veränderungen im Bildungswesen durch ein Übermaß an bürokratischen Reglementierungen behindert, die zudem durch die föderale Struktur eine verfassungsrechtliche Beschränkung erfährt. Damit bleiben auch sektorale Segmentierungen wie z.B. die Trennung von Berufs- und Allgemeinbildung erhalten. Die Einführung von Bildungsstandards verbleibt auf der Ebene unverbindlicher Orientierungen. Viele Bildungsinhalte sind nach wie vor lebens- und berufsfern. Für einzelne Altersstufen existieren keine oder nur vage Leitbilder, der Bildungsbeginn erfolgt zu spät, die Altersbildung verbleibt auf dem Niveau der Freizeitbildung der Volkshochschule und lässt die Formel vom lebenslangen Lernen als Leerformel verkommen. Zertifizierungen, Anerkennungen, finanzielle Zuwendungen bei Bildungsmaßnahmen entsprechen nicht den Forderungen von Kommissionen der EU. Vor allem aber bleibt die Veränderung im Denken und Verhalten breiter Bevölkerungsschichten aus: Die Verantwortung für das eigene Lernen und die eigene Lernbiographie wird als Bringschuld des Staates gesehen, der Wert des Lernens wird an der ökonomischen Verwertbarkeit gemessen (wozu brauche ich das?), die soziale Anerkennung angestrebter und erreichter Lernschritte bleibt hinter der Akzeptanz von Einkommen oder Statuserhöhung durch Konsumgüter zurück. Elternbildung, aber auch die Zusammenarbeit von Schule, Schülern und Eltern bewegen sich auf dem Niveau früher reformpädagogischer Anstrengungen. Trotz positiver Wertung einzelner Maßnahmen, auf die in den nachfolgenden Kapiteln eingegangen werden soll, muss festgestellt werden, dass die deutsche Lernkultur noch keine gravierenden Veränderungen durchläuft und weit von einer „neuen" Lernkultur entfernt ist.

1.3. Eine kritische Perspektive auf die Perspektiven

Aufschlussreich in diesen Kritiken sind die Perspektiven, aus denen heraus sie geführt werden. Eigene Erlebnisse aus Vorträgen zu einer sich verändernden Lernkultur haben mich belehrt, dass es offensichtlich sehr divergierende Perspektiven auf dieses Thema geben kann. Von den einen wurde ich beschimpft, eine ideologische Konzeption des Neoliberalismus in der Bildung zu vertreten, andere wiederum meinten, dass alle diese Bemühungen Teil eines jahrhundertealten Kampfes der Reformpädagogik gegen eine erstarrte deutsche Lernkultur seien, und dritte schließlich sahen in solchen Gedanken die Konturen einer sich formierenden emanzipatorischen Bewegung.

In der politischen und wissenschaftlichen Diskussion wird die Notwendigkeit einer „neuen Lernkultur" (s. Papier der Bayrischen Wirtschaft) weitgehend, wenn nicht sogar ausschließlich aus den Erfordernissen einer marktorientierten Erwerbsarbeitsgesellschaft gerechtfertigt und die Fokussierung der Lernkulturen auf bestimmte Eigenschaften wie Beschäftigungsfähigkeit oder Flexibilität der im Erwerbsleben Tätigen orientiert.. Der Traum des Europäischen Rates 2000 in Lissabon "die Europäische Union bis zum Ende des Jahrzehnts zum wettbewerbsfähigsten und dynamischsten wissensbasierten Wirtschaftsraum der Welt zumachen" steht für eine solche Orientierung. Die Begriffe „Humanressourcen", „endogene Potentiale der Region" oder „Standortfaktor Bildung" verweisen auf die ökonomischen Verwertungsinteressen. Deutschland hat danach durch De- und Unterqualifizierung Standortnachteile, die sich in Zukunft noch vergrößern werden. Das deutsche Bildungssystem kann nach diesen Aussagen die für den Arbeitsprozess und den internationalen Wettbewerb erforderlichen Kompetenzen nicht mehr zeitnah bereitstellen (Bergmann 2001). Zielsetzung der Veränderungen ist danach die Modernisierung des Bildungssystems in Hinblick auf die Bereitstellung fachlich wie überfachlich hochqualifizierten Personals (Ebringhoff u.a. 2003, S.2). Konzentrierter Ausdruck für eine solche ökonomische Instrumentalisierungsperspektive sind die internationalen programmatischen Forderungen nach Emploibilty, Flexibilität und Enterpreneurship. Im Zentrum der Argumentationen steht die Forderung nach Veränderung der Innovationsfähigkeit und -bereitschaft, die aus einer Angst vor einer „nachlassenden Innovationsdynamik" begründet wird, die man zudem noch als Ursache der hohen Arbeitslosigkeit in Deutschland denunziert. Ein umfassender Innovationsprozess wird als "Kern einer Neujustierung der Bildungs-, Forschungs- und Technologiepolitik" gesehen (Reichwald, v.Rosenstiel 2004, S.5). Dabei sollte es nicht irritieren, wenn in den Papieren nachdrücklich auf eine Wende von einer technikzentrierten zu einer humanzentrierten Innovationsförderung gesprochen wird. Dahinter verbirgt sich nur die Einsicht, dass sich die Innovationsförderung von einer bisherigen Technikzentrierung zu einer Förderpolitik wandeln muss, die

das sog. Humankapital und deren soziales Innovationspotential ins Zentrum rückt(ebenda 2004, S.6). Studien des Gallup-Institutes belegen, dass fast 70% der Angestellten in deutschen Betrieben innerlich bereits gekündigt haben (Berliner Zeitung 18.7.2004). Diese Abstumpfung kostet die Unternehmen Milliarden durch ungenutzte Potenziale und durch Fehlleistungen, und damit werden aus ökonomischer Perspektive vielfältige Chancen verspielt.
Aufschlussreich sind unter dieser Sicht, wie Trends für eine neue Innovationsdynamik markiert werden:
- Tertiarisierung: der Trends zur Dienstleistungsökonomie und -gesellschaft, in der sich ein neuer Typus der Innovation herausbildet. Innovation von Dienstleistungen stellen sich zu einem erheblichen Teil als Innovation von Kommunikation dar und sind auf Kompetenzen und Verhaltensweisen bezogen.
- Die erhöhte Unsicherheit auf den Produkt –und Dienstleistungsmärkten erhöht das Innovationsrisiko und verlangt von Unternehmen und Mitarbeitern eine erhöhte Kompetenz und Flexibilität im Umgang mit Unsicherheit.
- Die Potentiale der Open Source Software, in denen der Kunde selbst zum Werteschöpfer wird und an der Entwicklung der Produkte, der Organisations- und Führungsregeln beteiligt ist, gilt es in einem weitaus stärkeren Maße als bislang zu fördern und systematisch für Unternehmen nutzbar zu machen.
- Die verstärkte Wissensbasierung der virtuellen Produktions- und Austauschprozesse verlangt eine neue Form des Wissensmanagements, die Unternehmen als lernende Organisationen kennzeichnen (Reichwald/v.Rosenstiel 2004).

Im Mittelpunkt steht die Frage nach der Art und Weise, wie die verschiedenen Ressourcen und Interessen in einem vernetzten Innovationsprozess integriert werden können, der wirtschaftliche Effekte bringen soll. Es geht um die sozialen Bedingungen der Arbeitenden, ihre Lebensführung, um die Balance zwischen Arbeits- und Privatleben nicht um eines gelingenden Lebens, sondern um eines verbesserten ökonomischen Ertrags willen. Unmissverständlich formuliert eine solche Perspektive Lutz von Rosenstiel (2004, S.18): „Die innovative Lernkultur und die Innovationskompetenz müssen noch mehr, direkter und wirksamer für Innovationen im Wirtschafts- und Humanbereiche genutzt werden." Er lässt sich dabei davon leiten, dass die für Innovation wichtige Bereitschaft zu Kreativität und Leistung und die Identifikation mit der eigenen Tätigkeit weder in zu stark bürokratischen regulierten und sozial abgesicherten (!-K.) gedeihen noch in völlig entstrukturierten und beruflich unsicheren Milieus. Nach wie vor scheint die Ökonomie den Arbeitenden „nicht in seiner arbeitslosen Zeit, als Mensch zu betrachten", sondern sie „überlässt diese Betrachtung der Kriminaljustiz, der Religion, den statistischen Tabellen, der Politik oder dem Bettelvogt"(Marx 1977, S.477).

Nun ist es einerseits durchaus sinnvoll, Lernen und Kompetenzentwicklung an die Entwicklung der innovativen produktiven Potentiale zu binden. Andererseits wird damit ein instrumentelles Verwertungsinteresse für Lernen gesetzt, mit dem das Konzept der Lernkultur einseitig an betriebswirtschaftliche Bedürfnisse gebunden und die neue Lernkultur von vornherein marktwirtschaftlichen Interessen untergeordnet wird. Damit wird für Unternehmen und Mitarbeiter ein fortwährender Anpassungszwang an sich verändernde ökonomische und technologische Veränderungen erzeugt und das Individuum mit dem Diktat der Beschäftigungsfähigkeit wirtschaftlichen Verwertungsinteressen unterworfen. Insofern ist Dieter Lenzen, der die Gesamtredaktion des Dokumentes der Bayrischen Wirtschaft verantwortete, durchaus zuzustimmen, das mächtige Interessengruppen heute Bildungsentwicklung behindern, ich fürchte nur, dass er und ich unterschiedlich Adressaten meinen.

Es sei – um Missverständnissen vorzubeugen – noch einmal ausdrücklich betont, dass eine solche ökonomische Perspektive durchaus Berechtigung hat und wesentlich künftiges Lernen bestimmen wird. Und es bleibt auch unwidersprochen, dass eine eingeschränkte Teilnahme am (Erwerbs-)Arbeitsleben, z.B. in der Arbeitslosigkeit, in der Teilzeitarbeit, in Kurzzeitjobs mit geringem Qualifikationsanspruch auch die Möglichkeiten reduziert, Lernkulturen auszubilden, und für die betroffenen Personengruppen eine Abwärtsspirale ihrer Lernkultur erzeugt, die letztlich in einer Aversion gegenüber dem Lernen überhaupt münden kann. Alle Visionen von einer Lernkultur, in der sich die Menschen unablässig zum Lernen drängen, sich selbst um die Erweiterung ihrer Kompetenzen bemühen, die Lernberatung und -unterstützung von sich aus suchen, bleiben weitgehend eine Illusion, wenn nicht die elementaren Triebkräfte des Lernens beachtet werden, die in der heutigen Gesellschaft nach wie vor mit der Erwerbsarbeit verbunden werden: Aufstieg, Einfluss, Einkommen, Ansehen, Selbstwert. Werden dem Individuum Gestaltungsmöglichkeiten in und durch Arbeit verwehrt, bleiben alle Bemühungen um eine Intensivierung des Lernens vielfach vergeblich. Trotzdem enthält die ausschließliche Orientierung des Lernens auf die gegenwärtige oder künftige Erwerbsarbeit auch eine möglicherweise verhängnisvolle Beschränkung.

Eine neue Lernkultur zu entwickeln, bedeutet auch die *gesellschaftsgestaltende und lebensbewältigende Dimension einer solchen Lernkultur* zu erschließen. Die Sicht auf die Erwerbsarbeit und die Innovationsdynamik ist nicht die einzige Perspektive. Künftige Gesellschaften werden wesentlich auch durch Faktoren bestimmt, die in der Gestaltung einer offenen Zivilgesellschaft, eines demokratischen Gemeinwesens und einer sinnerfüllten individuellen Lebensgestaltung begründet sind (Anm. 2). Eine solche neue Lernkultur wird z.B. gerade dann notwendig, wenn die wirtschaftlichen Ressourcen nicht mehr zur Verfügung stehen und unter den Bedingungen fehlender Erwerbsarbeit in den „schrumpfenden" Regionen Lebensqualität gesichert und neue Tätigkeitsfelder außerhalb des Ersten Arbeitsmarktes gefunden werden müssen. Auch in dieser Funktion

bleiben Lernkulturen arbeitsorientiert, aber sie richten sich auf lernhaltige Arbeitsprozesse außerhalb der Erwerbsarbeit. Die nicht hinterfragte Vorstellung, die zudem auch als Staatsziel deklariert wird, dass die postmoderne Gesellschaft je wieder eine Vollbeschäftigung erreichen könne, bleibt eine Illusion, wenn man in den Kategorien bisheriger Erwerbsarbeit bleibt. Ob die Bürgerarbeit von Ullrich Beck (1993, 1999, 2001) oder die Gemeinwesenarbeit von Susanne Elsen (1998, 2004) nun die rettenden Entwürfe darstellen, sei dahingestellt, aber sie formulieren sind zumindest diskussionswürdige Alternativen.
Die vielleicht verabsolutierende Argumentation setzt sich dem Verdacht aus, in der Ideologiekritik selbst wieder Ideologie zu betreiben und wahrscheinlich ist es tatsächlich nicht möglich, sich einem solchen Thema wie dem der Bildungsentwicklung ohne ideologische Reflexion nähern zu können. Um einen solchen Verdacht zumindest zu relativieren, sollen im folgenden Perspektiven auf Lernkultur wiedergegeben werden, wie sie sich außerhalb der Erwerbssphäre vollziehen und wie sie in der Literatur originär reflektiert werden.
Ansprüche an eine veränderte Lernkultur ergeben sich aus den Bereichen des *zivilgesellschaftlichen Engagements* der Bürger. Es ist die künftige tätige Zivilgesellschaft (die Tätigkeitsgesellschaft) – so vage ihre Konturen auch sein mögen – und die in ihr zu leistende Bürgerarbeit, die eine neue Lernkultur brauchen (Mutz 2001). Seit Jahrzehnten mahnen Sozialwissenschaftler, dass in der künftigen Gesellschaft Erwerbsarbeit ein knappes Gut sein wird und die Verteilung der vorhandenen, zu bezahlenden Arbeit ein grundlegendes soziales Problem der Zivilgesellschaft und der in ihr vorhandenen Tätigen sein wird. Aber sie verweisen auch darauf, dass diese Gesellschaft reich an Tätigkeiten sein könnte, die auch des Lernens bedürfen:

1. Die Zivilgesellschaft wird eine Vielzahl von Tätigkeiten hervorbringen, die nicht mehr marktförmig organisiert sind, die sich regelrecht als Alternative zu dem herrschenden Wirtschaftssystem entwickeln und innovative Tätigkeitsfelder hervorbringen. Die bisherigen Erfahrungen mit der Gemeinwesenarbeit warnen zwar eher zur Vorsicht gegenüber hypertrophierenden Erwartungen, aber auf jeden Fall öffnet sich über die Arbeit am und im Gemeinwesen ein wesentlicher Zugang einer menschenwürdigen Gestaltung des Lebens.
2. Eine funktionierende Zivilgesellschaft wird politische Partizipationsformen hervorbringen, die in Form von Initiativen, politischen und sozialen Bewegungen Partizipation realisieren und eine Transparenz der politischen Entscheidungsprozesse fordern und auch öffnen. Die politischen Partizipationsbewegungen werden sich auch traditioneller Strukturen bedienen wie z.B. Vereine, Organisationen und Stiftungen, aber sie werden auch neue Partizipationsformen hervorbringen, wie z.B. Selbsthilfegruppe, Initiativen, Genossenschaften.
3. Eine demokratische Zivilgesellschaft – wenn sie denn eine demokratische bleiben will - wird eine entwickelte und differenzierte Öffentlichkeit und

ein darin wirkendes öffentliches Bewusstsein fördern, dass ein Höchstmaß an sozialer Kontrolle und Steuerung eröffnet. Auch hier ist Vorsicht geboten, das herrschende Bewusstsein ist immer ein Bewusstsein der herrschenden Interessengruppen, aber die Geschichte demokratischer und sozialer Bewegungen belegt auch, dass es durchaus möglich ist, alternative öffentliche Strömungen zu installieren und ihnen Geltung zu verschaffen (Bernhard 2001).

Auch wenn die Gefahr besteht, in den oben kritisierten Zirkel zwischen erweiterter Perspektive und ökonomischen Interessen zu geraten, sei nur angemerkt, dass ein weitreichendes ökonomisches Interesse eigentlich anzeigen müsste, dass eine funktionierende innovative Wirtschaft auch einer intakten Zivilgesellschaft bedarf, und es eigentlich im ureigensten – d.h. ökonomischen Verwertungssinne – herrschender Kapitalinteressen wäre, Bildungsinteressen auch für die Entwicklung einer modernen Zivilgesellschaft zu nutzen.

Die wenigen Bemerkungen lassen ahnen, dass die Entwicklung der Zivilgesellschaft veränderte Bildungsbedürfnisse und -inhalte hervorbringt. Neue Formen der Information und Kommunikation werden durch veränderte Partizipation und die Teilhabe an der zivilgesellschaftlichen Entscheidungsfindung zu wichtigen Formen des Lernens werden. Der mündige Bürger der Zivilgesellschaft, der sich in der Einheit von Privatmensch und Citoyen verwirklicht, ist ein gebildeter Bürger, der nicht nur für die ökonomische Qualifikation ausgebildet ist, sondern zur Gestaltung eines Gemeinwesens fähig und befähigt sein muss.

Ich bin geneigt, den bisherigen Perspektiven auf die Herausbildung einer neuen Lernkultur noch eine weitere hinzuzufügen, die auf Lernansprüche und ein verändertes Lernen im individuellen Bereich der *Lebensbewältigung* verweist. Lernen muss auch dazu führen, das spätere Leben erfolgreich bewältigen zu können, wobei die Vorstellung von „bewältigen" auch den Sinn der zu überwindenden Schwierigkeit, des Problemhaften, des Ungewissen anhaftet. Dem liegt die Vermutung zugrunde, dass Lebensverläufe in der Reflexiven Moderne sich nicht mehr ohne weiteres an vorgegebene biographische Erwartungssicherheiten wie dem Normalarbeitsverhältnis oder die Normalbiographie orientieren können, sondern sie für ihre eigene Lebensorganisation bedürfnisgerechte Muster in eigener Initiative und Regie entwickeln müssen. Das sog. Normalarbeitsverhältnis basierte auf einem auf Dauerhaftigkeit angelegten Arbeitsvertrag, einem festen an Vollzeitbeschäftigung orientiertem Arbeitszeitmuster, einem tarifvertraglich normierten Lohn oder Gehalt, der Sozialversicherungspflicht sowie der persönlichen Abhängigkeit und Weisungsgebundenheit des Arbeitnehmers vom Arbeitsgeber. (Hoffmann/Walwei 2002, S.135). Weder für die Lebensführung des Einzelnen noch für die Schaffung sozialer Gemeinschaften und Beziehungsgeflechte scheint es noch dieses eindeutige und verlässliche Gestaltungsmuster des Normalarbeitsverhältnisses zu geben. Das Einzige, woraus sich die Individuen verlassen und worauf sie sich einstellen können, ist die Erwartung, das sich alles ändert und nichts so bleibt wie es ist. Die Veränderung erfasst die Arbeitsbiographie, die wesentlich durch den Wechsel des Berufes, des Arbeitsplatzes im Unternehmen und den Wechsel des Betriebes bestimmt wird. Die Diskontinuität in der Berufsbiographie wird zum wesentlichen Merkmal eigener Lebensführung. So nimmt die Zahl der Arbeitgeber in einem Berufsleben ständig zu: Nur 28% der Beschäftigten hatten bisher nur einen Arbeitgeber, 25% zwei, 19% drei und 26% vier und mehr Arbeitgeber (Siebecke/Pelka 2004, S.212). Die veränderten Bedingungen in den Arbeitsverhältnissen verändern auch die Stellung der Geschlechter in den Familien. Oft ist es der traditionelle Ernährer der Familie, der arbeitslos wird und in die Rolle des „Hausmannes" gedrängt wird. Frühverrentungen und Beschäftigungsreduzierung im Alter führen zu intergenerativen Spannungen. Aus der Vielzahl sog. prekärer Lebenssituationen sei im folgenden nur die Beschäftigungssituation an der Zweite Schwelle mit dem vermeintlichen Eintritt in das Erwerbsleben nach Abschluss der Ausbildung ausgewählt (die Erste Schwelle stellt der Eintritt in ein berufliches Ausbildungsverhältnis nach Verlassen der Schule dar).

Die bisherigen Vorstellungen – auch die eines erweiterten oder pädagogischen Moratoriums des Jugendalters – hielten noch immer daran fest, dass Jugend in ein durch Schule, Berufsbildung und Kinder- und Jugendhilfe garantiertes, institutionell verfasstes Moratorium eingebunden ist, dass durch den Berufserwerb für den Eintritt in das Erwerbsleben abschließt. Der biographische und gesellschaftliche Sinn der Jugendphase war die Vorbereitung auf die „Anforderungen der Erwachsenenrolle, insbesondere der beruflichen Erwerbsarbeit als ihres ökonomischen Fundamentes" (Fischer/Münchmeier 1997, S.13). Unter den gegenwärtigen Bedingungen wird diese institutionelle Verfasstheit des Überganges aufgebrochen, der Bildungserwerb entgrenzt sich, die Beziehung von Beschäftigungs- und Ausbildungssystem entkoppelt sich. Zum einen verändert sich die Zieloption der beruflichen Qualifikation. Die in der beruflichen Erstausbildung erworbenen berufsfachlichen Qualifikationen sind für sich genommen immer weniger ausreichend, um eine dauerhafte Beschäftigungsfähigkeit zu gewährleisten. Der berufliche Wechsel wird das Merkmal künftiger Berufskarrieren sein, wobei sich auch hier wieder Segmentierungen in hochqualifizierte und weniger qualifizierte Arbeitstätigkeiten vollziehen werden. *Das institutionalisierte Lernen weicht einer Veralltäglichung des Lernens.* Das wiederum führt dazu, dass der Kompetenzerwerb zu einem fortwährenden Prozess wird, den man in der Jugendphase nicht abschließen kann, um dann erwachsen zu sein.

Zum anderen sehen sich die Individuen in ihrer biographischen Lebensgestaltung neuen Risiken gegenüber, denen sie mit einer erhöhten eigenlogischen Gestaltung ihres Lebens begegnen müssen (Voß/Pongratz 1998). Es problematisieren sich die Übergänge zwischen den einzelnen Lebensphasen, zwischen den einzelnen Tätigkeits- und Lebensbereichen. *Moderne westliche Gesellschaften stellen keine institutionalisierten und formalisierten Übergänge von der Welt der Jugendlichen in die Welt der Erwachsenen mehr bereit. Die Grenzen des institutionell verfassten Jugendseins zum Erwachsensein verwischen sich und*

heben sich auf. Es bilden sich segmentierte Erreichbarkeiten heraus, die Zugänge verteilen sich nicht mehr auf ein gemeinsam geteiltes Statusziel der Jugend bzw. auf die Richtung dorthin, sondern verweisen von vornherein auf tendenziell abgeschlossene gesellschaftliche Segmente und auf ein weiteres Auseinanderdriften der sozialen Welten, neue Grenzen der Entgrenzung zeichnen sich ab. Institutionen, die bisher den Übergang – unabhängig davon, ob als Moratorium oder Transition gefasst – garantierten, versagen ihre Funktion oder verändern sie. Auch wenn einzelne Autoren noch behaupten, dass die Jugendphase (EBRINGHOFF u.a. 2003, S.24) eine Zeit des „Probehandelns für den Ernst des Lebens" sei, so kann kein Zweifel daran bestehen, dass sie den „Ernst des Erwachsenenseins" trägt. Nicht nur die Arbeitslosigkeit junger Menschen wächst, sondern für viele wird der Zustand einer längerfristigen Erwerbstätigkeit überhaupt nicht mehr erreichbar. So drückend die gegenwärtige Ausbildungssituation und die fehlenden Ausbildungsplätze auch sind, das nachhaltiger wirkende Problem ist der Übergang von der Berufsausbildung bzw. deren Ersatzformen in die Erwerbstätigkeit (Lutz 2001). Das Erwachsensein greift mit seinen Problemen der Unsicherheit und Offenheit in das Jugendsein ein. Jugendlich erfahren wie Erwachsene das Spannungsfeld von Selbstwertzerstörung, psychosozialem Handlungsdruck, Orientierungslosigkeit und sozialer Ausgrenzung (Böhnisch/Schroer 2001), und sie geraten mit Ausgang des Kindesalters und dem Verlassen der allgemeinbildenden Schule in einen freischwebenden, unübersichtlichen und unsicheren Übergang, für den sie sich selbst keine Übergangsprognose mehr geben können, was nicht ausschließt, dass sie für die zukünftigen eigenen Problemlagen optimistische Bewältigungsstrategien formulieren (Shell 2002).
Es könnte wiederum zu kurzschlüssig sein, von vornherein davon auszugehen, dass dieser Verlust an Sicherheit zu Desintegration, Entsolidarisierung und sozialer Isolierung führe. Es ist durchaus denkbar, dass das Subjekt altersunabhängig zum Gestalter seiner eigenen sozialen Landschaften und Gemeinschaften wird. Statt des befürchteten ungebundenen und egozentrischen Selbst verorten sich vielleicht die Individuen in kooperativen Initiativen oder kommunitären Gemeinschaften, die einen Individualismus erzeugen, der zugleich Partizipation an der Gemeinschaft benötigt. Aber auch und vor allem in diesem Fall wird eine veränderte Lernkultur notwendig werden, in der Menschen lernen müssen, miteinander auf veränderte Art umzugehen.

Der nachfolgende theoretische Begründungsdiskurs einer veränderten Lernkultur scheint dem bisher Gesagten entgegenzustehen, sucht er doch den Zusammenhang eines veränderten Lernens – hier als entgrenztes Lernen gefasst – zu einen veränderten, wiederum entgrenzten Arbeiten herzustellen.

2. Die Entgrenzung des Lernens

Das Kapitel versucht mit dem Paradigma der Entgrenzung ein adäquates Beschreibungs- und Erklärungsmodell der Veränderungen des Lernens zu geben. Es geht dabei davon aus, dass die Entgrenzungen des Lernens in den Entgrenzungen des Arbeitens oder der Arbeit begründet sind, die wiederum auch die Lebensführungen entgrenzen. In der Trinität von entgrenztem Arbeiten, entgrenzten Lebensführungen und entgrenztem Lernen wird ein Zugang zu einer neuen Lernkultur gesucht, der vor allem durch das Lernen in Unbestimmtheit und Offenheit geprägt sein wird.

Es war wesentliche Erkenntnis der vorangegangenen Überlegungen, dass Lernkulturen untrennbar mit dem Niveau der Arbeitskulturen und in deren Entstehungs- und Veränderungszusammenhänge eingebunden sind. So brachte die handwerkliche Tätigkeit in den mittelalterlichen Städten ständisch organisierte Lernkulturen hervor, die bestimmte Lernformen, z.B. die Burschenwanderschaft favorisierten und in Zunftordnungen Voraussetzungen für den Erwerb des Meistertitels enthielten. Die landwirtschaftliche Produktion erzeugte bis in die Gegenwart hinein einen naturgebundenen arbeitsbegleitenden Lernprozess, der sich engen Professionalisierungen verwehrte. Die Industrieproduktion zu Beginn des vergangenen Jahrhunderts brachte tayloristische Lernstrukturen hervor, die an wiederum enge spezialisierte Qualifikationen gebunden waren.

2.1. Entgrenztes Arbeiten – die ökonomische Prägung des entgrenzten Lernens

Die im weiteren vorgestellten Veränderungen des Lernens werden in ihrer allgemeinsten Form mit dem Phänomen der Entgrenzung gefasst und mit ähnlichen Erscheinungen in der Arbeitswelt in Verbindung gebracht. Der umgangssprachliche Sinn von „entgrenzen" als Aufhebung, Überschreitung von Grenzen erweist sich als so zweckmäßig, dass er zur Beschreibung einer Vielzahl gegenwärtiger Veränderungen taugt und auch in einer allgemeinen wissenschaftlichen Bestimmung aufgehoben werden kann. Ursprünglich aus den Forschungen zu veränderten Lebensführungen (Voß 1998) resultierend und dort wiederum auf die Organisation der Arbeit bezogen, wird heute der Begriff auch zur Charakteristik von Wandlungen im Lernen, in den Generationsbeziehungen, den Lebensphasen, der Jugend, des Sexuellen, im Politischen oder im Pädagogischen genutzt. Es gibt kaum einen gesellschaftlichen Bereich, der nicht als "sich entgrenzend" bezeichnet werden könnte und sich auch so versteht, und tatsächlich könnte die Bezeichnungseuphorie reale Prozesse hoher grenzauflösender Dynamik in allen Bereichen der Gesellschaft fassen wollen.

Das Phänomen der Entgrenzung ist bei genauerer Betrachtung kein neuer Diskursgegenstand der Sozialwissenschaften. Seit der zweiten Hälfte des 20.Jahrhunderts finden sich die Diskussionen zur Individualisierung des Ler-

nens, zur Humanisierung der Arbeit, zur Entstandardisierung der Normalbiographien, zur Entstrukturierung von Jugend, zur Deregulierung und Dezentralisierung oder zur Entregulierung oder Entschulung des Lernens. Und doch scheint es so, als sei mit dem Ende des 20.Jahrhunderts eine Stufe der Veränderungen erreicht, die nicht nur einzelne Momente des Arbeitens erfasst, sondern die jeweiligen Prozesse in ihrer Totalität zu greifen versucht. Schon die gewählten Bezeichnungen deuten die Richtung der Totalitätserfassung an: Subjektivierung der Arbeit, Selbstökonomisierung der Arbeitskraft, alltagspraktisches Selbstmanagement, Selbstkontrolle und Selbstrationalisierung oder aktive Biographisierung. Gemeinsam ist den Vorstellungen, dass ihnen ein Wandel der Arbeitsgesellschaft zu Grunde liegt, in dem *unter bestimmten historischen Bedingungen entstandene soziale oder ökonomische Strukturen der regulierenden Begrenzungen von Prozessen partiell oder ganz erodieren bzw. bewusst aufgelöst werden* (Voß 1998, S.474). Seit Ende der achtziger Jahre des vergangenen Jahrhunderts vollzieht sich in vielen Bereichen der Produktion eine Umgestaltung der betrieblichen Organisation. Es ist eine Abkehr von Unternehmensstrategien zu beobachten, die auf eine möglichst detaillierte und standardisierte Strukturierung der Arbeitsverhältnisse abzielen. Es vollzieht sich eine Ausdünnung (Stichworte Lean Management, Dezentralisierung) und dauerhafte Verflüssigung/Flexibilisierung von Strukturvorgaben für Arbeit. Die zeitlichen, räumlichen, sozialen und medialen Vorstrukturierungen des Arbeitens erodieren. Leitlinie ist immer weniger die möglichst dichte Begrenzung von Handlungsoptionen, um Tätigkeiten an detailliert disponierten Abläufen und Zielen auszurichten, sondern immer mehr das Gegenteil: die Vorgabe von diffusen Handlungsrahmen mit deutlich reduzierten fremdbestimmten Strukturierungswirkungen.
Unabhängig wie inflationär der Begriff „Entgrenzung" gegenwärtig gebraucht wird, so geht es doch immer wieder darum, etablierte Strukturen aufzubrechen und veränderte Strukturen zu dynamisieren und zu verflüssigen. Bisherige arbeits- und sozialrechtliche, berufliche, arbeits- und betriebsorganisatorische, tarifrechtliche Strukturen werden für eine permanente Anpassungsleistung der Beschäftigten als hinderlich empfunden. Ziel der gegenwärtigen Veränderungen ist die *Entgrenzung der bisherigen Arbeitsverhältnisse, um soziale und ökonomische Dynamiken zu ermöglichen und Innovationsfähigkeit freizusetzen.* Insofern geht der Begriff "Entgrenzung" über die Merkmale von Entstrukturierungen und/oder Entstandardisierungen hinaus, indem er die Ausweitung bzw. Öffnung des jeweiligen Bereichs und die Durchdringung mit jeweils anderen Bereiche signalisiert.
Dieser Prozess der Entgrenzung wird so zunehmend zur Charakteristik einer zentralen Qualität des aktuellen sozialökonomischen Wandels. Das Entgrenzungsverständnis bezieht sich nicht nur auf die Erosion von nationalen Sozial- und Ökonomiegrenzen bzw. auf gesamtgesellschaftliche Arbeits- und Wirtschaftsstrukturen (Globalisierung, Deregulierung) oder auf die verstärkte Dynamik entlang gewohnter betriebsorganisatorischer Grenzen bzw. um die Verände-

rung innerorganisatorischen Strukturen, sondern umfassender um eine "leitende Tendenz der Veränderung der Arbeitsverhältnisse insgesamt", die alle sozialen Ebenen der Verfassung von Arbeit betrifft: Übernationale und gesamtgesellschaftliche Strukturen von Arbeit, die Betriebsorganisation nach innen und außen, Arbeitsplatzstrukturen und das unmittelbare Arbeitshandeln wie auch die Persönlichkeitseigenschaften und die Lebensverhältnisse der Akteure (Kirchhöfer 2000).

Tab.1 Entgrenzungen und Begrenzungen des Arbeitens

Element des Arbeitsprozesses	Entgrenzungsdimension	Begrenzungsdimension
Zeit	Zeitliche Flexibilisierung Vielfalt der Arbeitszeitformen in Dauer, biographischer Lage und Regulierungsform	Begrenztheit der physischen und psychischen Belastung (z.B. des Arbeitstages)
Raum	Entgrenzung der lokalen Strukturierung und örtlichen Bindung der Arbeit	Regionale Bindungen (u.a. der Familie)
Mittel	Wachsende Austauschbarkeit, Kompatibilität und individuelle Verfügbarkeit	Weiterwirken traditioneller Arbeitsmittel in KmU, Finanzierbarkeit von Arbeitsmitteln
Soziale Form	Entgrenzung der kooperativen Formen der Arbeit, flexible z.T. selbstbestimmbare Mischformen	Neue Rahmenregulierungen und informelle Gruppenzwänge
Organisatorische Form	Abbau institutioneller Regulierungen und normativ agierender Gefüge, wachsende Autonomie der Akteure	Reduzierung der Regulierungs- und Schutzfunktion dichter und egalitär ausgerichteter Sicherungsstandards
Arbeitsinhalte	Entgrenzung der erworbenen beruflichen Qualifikation, wachsende berufliche Mobilität	Wachsende Bedeutung von Expertenwissen und -kompetenzen bei gleichzeitiger Reduzierung von Arbeitsanforderungen
Biographie	Entstandardisierung und Destabilisierung der kontinuierlichen Erwerbsbiographie	Verlust an Lebenszeit durch Doppelausbildung, Verlust an Durchlässigkeit der Gesellschaft
Sinn/Motivation	Eigenmotivierung und selbstbestimmte Sinnsetzung gegenüber Berufs- und Betriebsbindungen	Überforderung des Individuums durch eine permanente Selbstmotivierung und Selbstkontrolle

In Tabelle 1 wird neben der Entgrenzungsdimension auch eine Begrenzungsdimension verfolgt, ganz im Sinne des Titels „Grenzen der Entgrenzung". Bei jedem Element des Arbeitsprozesses lässt sich nachweisen, dass nicht nur Entgrenzungen wirken, sondern auch alte Grenzen bestehen bleiben oder neue Entstehen. Die Entgrenzung stößt nicht nur an strukturelle und personelle Grenzen, sondern setzt auch neue. Sie bringt keine uferlose, unkontrollierbare, diffuse Ausdehnung hervor, sondern wahrt oder setzt einen Rahmen der Ausbreitung.

Die Auflösung der regulierenden Begrenzungen führt zu einem Komplementäreffekt der Entgrenzung: der *Subjektivierung der Arbeit* (Modaschl/Voß 2002, Moldaschl 2003) – das Subjekt ist gezwungen sich selbst zu entgrenzen, um den sich entgrenzenden Arbeitsverhältnissen zu entsprechen. So wird das Individuum selbst zu einem Moment der Entgrenzung eben dieser Verhältnisse. Die Entgrenzungen des Arbeitens bedeuten auf der Seite des Arbeitenden, dass es für ihn immer weniger darum geht, klar definierte Vorgaben möglichst abweichungsfrei zu befolgen, sondern zunehmend das Arbeiten selbst zu steuern, ohne direkt strukturelle Unterstützung zu erhalten. Die entgrenzten Fremdstrukturierungen müssen von den Arbeitenden mit eigenverantwortlichen Strukturierungsleistungen ausgefüllt werden (Voß 1998, S.447). Sie müssen bei erheblich steigendem Leistungsanspruch und einer nach wie vor nur partiellen Interessenübereinstimmung mit der Unternehmensführung sich ständig wechselnden Produktionsverhältnissen anzupassen und sie zu gestalten suchen. Insofern gewinnt das Subjekt an Entscheidungsmöglichkeit, Autonomie und Souveränität (Vieth 1995). Insofern enthält die totale Unterwerfung des eigenen Subjektes, der eigenen Person unter die ökonomischen Verwertungsinteressen auch die Chance, neue Verhältnisse zu gestalten, bisher begrenzende Bedingungen zu öffnen und Innovationen auszulösen. Bei aller gebotenen Zurückhaltung vor einer Hypertrophierung der Entgrenzung, in ihr wohnt auch ein innovatives Moment. Die Erosion oder Auflösung der alten überkommenen Strukturen ermöglicht die Bildung neuer Strukturen (die schöpferische Zerstörung – Schumpeter), die ihrerseits Produktivitätseffekte auslösen und Potentiale freisetzen können. Strukturen weisen im Sinne von Giddens (1996) eine Dualität auf: sie begrenzen und sie ermöglichen Handeln, sie sind den Handelnden vorgegeben und sie sind auch immer Produkt ihrer Aktivität. Aber die Verlagerung des eigenen Selbst in das Produkt und den Produktionsprozess gibt dem Eigentümer natürlich auch die Möglichkeit dieses sich entäußernde Selbst anzuzeigen, die Entgrenzung gestattet auf der Seite des Arbeitgebers natürlich auch eine Entgrenzung der Aneignung fremder Arbeitskraft.

Mit der Entgrenzung der Arbeit zeichnet sich der Übergang zu einem *neuen Typ der Arbeit* ab, der den tayloristisch-fordistischen Typus ablösen könnte. Im Rahmen großbetrieblich fordistisch organisierter Produktion war durch eine gesteigerte Arbeitsteilung, Rationalisierung, genaue Zeitvorgaben und erweiterte Losgrößen eine Produktivitätssteigerung erreicht worden, die eine Herstellung standardisierter Massengüter ermöglichte, was wiederum zu einer Expansion des Massenkonsums in den Industrieländern führte. Insofern charakterisierte der Fordismus mehr als nur eine Form der Produktionsorganisation. Er fasste ähnlich dem Begriff der Entgrenzung eine Gesamtheit der technischen, ökonomischen und sozialen/sozialpolitischen Grundsätze einer zeitweiligen Produktionsweise von Industriestaaten. Die fordistische Produktionsorganisation beruhte wiederum auf dem Taylorismus, einem System wissenschaftlicher Betriebsführung und Arbeitsorganisation, in dem komplexe Arbeitszusammenhänge in einfache, repetiv zu bewältigende Zusammenhänge zergliedert und zeitlich getaktet worden, für die eindeutige Handlungs- und Kontrollvorschriften formuliert werden konnten. Dieser Typus konnte durchaus den Charakter qualifizierter Arbeit und spezialisierter Professionalisierung annehmen und sollte daher auch nicht mit einfacher Arbeit gleichgesetzt werden.

Tab. 2 Traditioneller (fordistischer) und entgrenzter (nichtfordistischer) Arbeitstypus

Element des Arbeitsprozesses	Traditioneller Arbeitstypus (fordistisch, tayloristisch)	Nichtfordistischer Arbeitstypus
Arbeitsergebnis	Vergegenständlichung	Virtualität
Arbeitserfahrung	Sinnlich	Diskursiv
Selbsterfahrung	über das Produkt	über die Akzeptanz der Inszenierung des Produktes
Kooperativität	Arbeitsteilig	Individualisiert, selbstorganisiert
Zeit	Ökonomie der lebendigen und vergegenständlichten Arbeit	Ökonomie des Zeitpunktes
	Disziplinarmacht Zeit	Zeitflexibilität
Rationalität	Zweckrationalität: Planung und Programmgebung der Fertigung	Planung der rechtzeitigen Inszenierung und des Arrangements – situative Innovationsfähigkeit – Probehandeln
Sinnzuschreibung (Wpertarationalität)	Soziale Bezogenheit	Ichbezogenheit
	Zukunft	Gegenwart
Lernkultur	Fremdgesteuert	Selbstorganisiert

Im Unterschied zu diesem Typus der gesellschaftlichen Arbeit orientiert der posttayloristische – auch toyotistische genannte – Arbeitstypus auf ganzheitliche Arbeitszusammenhänge, reduzierte Arbeitsnormative, auf durch den Produzenten selbstbestimmbare Entscheidungs- und Handlungsräume und auf selbstorganisierte soziale Beziehungen. Im Unterschied zu Positionen, die für die Zukunft ausschließlich den postfordistischen Arbeitstypus prophezeien, gehe ich davon aus, dass sich sowohl fordistische wie auch postfordistische Arbeitstätigkeiten in allen gesellschaftlichen Bereichen der Industrie, Dienstleistung, Administration parallel zueinander herausbilden bzw. behaupten. Es könnte ein vielleicht tragischer Irrtum sein zu meinen, dass die künftige Gesellschaft nur noch hochqualifizierte, schöpferisch-kreative und komplizierte Arbeit hervorbringt und braucht. Ich sehe auch diesen Übergang nicht als radikale Ablösung eines Arbeitstypus. Möglicherweise setzt mit dem Übergang zu einem solchen Arbeitstypus auch

eine Gegenbewegung der Simplifizierung und Vereinfachung der Arbeiten ein, die künftige Arbeitswelten entzaubert. Insofern wird auch der "Umgang mit Sachen" nicht durchgängig durch einen Arbeitstypus „Umgang mit Daten" oder „Umgang mit Menschen" ersetzt, sondern die verschiedenen Herangehensweisen werden koexistieren.
Die in Tab.2 aufgeführten Arbeitstypen markieren insofern nur die Polaritäten eines Kontinuums, indem sich zahlreiche Zwischenglieder, Vermischungen und Überlagerungen und Übergänge finden. Es ist leicht einsichtig, dass Entgrenzungen permanent Übergänge produzieren und aus der Widersprüchlichkeit, die einem Übergang innewohnt, auch die Dynamik schöpfen.

Die Diskussionen zur Entgrenzung des Arbeitens lassen häufig eine kritische Sicht auf das Paradigma vermissen, was wiederum zu Vereinseitigungen und Irrtümern bei den weiteren Denk- und Handlungsweisen führen kann.

2.2. Grenzen der Entgrenzung des Arbeitens
Die Überlegungen zu den Grenzen der Entgrenzung lassen Erwartungen, aber auch Befürchtungen relativieren:
1) Die *Einschränkung der Wirkungsbereiche der Entgrenzung*: Die Arbeiten von Voß u.a (1991, 1998) entstanden im Rahmen eines Sonderforschungsbereiches in München zur Zukunft der Arbeit und orientierten sich verständlicherweise auf Produktionsbereiche der modernen Produktion, die sich unter dem Einfluss der Informations- und Kommunikationstechnologien entwickelten. Es ist jedoch nicht zu übersehen, dass viele Bereiche gesellschaftlicher Produktion diese Art von Entgrenzung nicht durchlaufen, sondern im Gegenteil eine neotayloristische Rationalisierung forciert betreiben. Vielfach bestehen in ein und demselben Betrieb sehr unterschiedliche Produktionsformen nebeneinander, und es spricht vieles dafür, dass sie auch in Zukunft bestehen werden. Völlig ausgeblendet bleibt eine Vielzahl von Tätigkeitsformen außerhalb der Industriearbeit, die insbesondere in den Tätigkeiten der Dienstleistungsgesellschaft Mischformen hervorbringt, die sich der Einteilung in tayloristisch oder posttayloristisch entziehen. Offen bleibt auch die Frage, inwieweit diese Entgrenzung Arbeitslose, aus dem Arbeitsprozess Ausgeschiedene oder in die Arbeitsgesellschaft nichtintegrierte Individuen erreicht, welche Formen entgrenzter Tätigkeit sich hier herausbilden. Tätigkeitsformen im sog. 3.Sektor der ehrenamtlichen oder Bürgerarbeit oder der Gemeinwesen- und Tauschökonomien alternativer Wirtschaftsformen werden sicher auch Entgrenzungen unterworfen sein, die aber völlig anders gestaltet sein können als solche der industriellen Entgrenzung. Wir sehen in dem Entgrenzungsparadigma vorerst ein an der Industriearbeit orientiertes Muster.
2) *Die Grenzen der Entgrenzung:* Schon von Voß stammt der Einwand, dass die Entgrenzungsstrategien der Unternehmen nicht bedeuten, dass auf Regulierung und Steuerung überhaupt verzichtet wird(Voß 1998, S.476). Was im Zuge der Entgrenzung reduziert wird, sind direkte, detailgenaue, breitflächig in festen

Formen geltende strukturelle Begrenzungen von Arbeitsprozessen. Diese strukturelle Entgrenzung ist jedoch auf einer höheren systemischen Ebene von einer verschärften strukturellen Kontextsteuerung begleitet. Auch unter den Bedingungen einer entgrenzten Arbeit ist es dem Arbeitenden nicht möglich, die durch Eigentums- und Verwaltungsrecht bestehenden Grenzen selbsttätig zu überschreiten. Die Entgrenzungen werden durch neue Grenzsetzungen ergänzt, in einen Rahmen gebracht, der es Unternehmen ermöglicht, die „entgrenzten" Arbeitnehmer „im Griff" zu behalten. Die Entgrenzungen stoßen nicht nur ständig an Grenzen, sondern diese Grenzen sind auch bewusste Setzungen zur Sicherung von Herrschaftsinteressen. Moderne Unternehmensführung hat wesentlich die Aufgabe, Entgrenzungen freizusetzen und zugleich die möglichen Grenzen dieser Entgrenzung mitzudenken und sie gleichfalls zu organisieren. Auch hier bleibt eine wesentliche Grenze nicht hinterfragt: Nach wie vor ist die gesamte Gesellschaftsstruktur, sind die Hierarchien in ihr, die Beziehungen der Individuen zueinander durch die Erwerbsarbeit und die darin eingenommene Positionierung bestimmt. Das Individuum ist bei Strafe seiner Existenzgefährdung gezwungen, Erwerbsarbeit zu suchen und einzugehen, und der zunehmende Abbau von Normalarbeitsverhältnissen und die steigende Knappheit an sicheren Arbeitsplätzen wird immer mehr Berufstätige zu Wechsel und Kombinationen von Arbeitstätigen zwingen, um auf die Dauer eine materielle Sicherung zu erlangen.
3) *Die Ambivalenz der Entgrenzung:* Die Vorstellung, dass die Entgrenzung für den Arbeitenden mit zunehmenden Gestaltungsmöglichkeiten und wachsender Autonomie am Arbeitsplatz auch weitergehende Humanisierungseffekte mit sich brächte, könnte sich als Illusion erweisen. Zum einen vollziehen sich die Entgrenzungen vor dem Hintergrund verschärfter Arbeitsmarktverhältnisse mit eingeschränkten betrieblichen Arbeitsbedingungen (Personalabbau, Ressourcenbeschränkungen, Entgelteinschränkungen, reduzierter arbeitsrechtlicher Schutz, Abbau von Sozialleistungen), andererseits entstehen neue Belastungen der Arbeitnehmer, die häufig Formen der Selbstdisziplinierung, der Selbstrationalisierung und Selbstausbeutung entwickeln müssen, die denen einer fremdorganisierten Disziplinierung nicht nachstehen. Die Arbeitenden re-strukturieren ihre eigenen begrenzenden Arbeitsstrukturen, die ihnen partielle Sicherheit und Orientierung geben. Wie die Arbeit im Detail organisiert wird ist egal, Hauptsache das Betriebsergebnis stimmt. Die zunehmende Autonomie der Arbeit enthält zwar Momente der Selbstbestimmung, Selbststeuerung und Selbstorganisation, aber sie erfolgt unter hochgradig fremdorganisierten Bedingungen. Die betriebliche Kontrolle scheint zu einer Selbstkontrolle zu werden, aber die Kriterien dieser Selbstkontrolle sind fremdbestimmt. Das Paradoxon: Die Selbstorganisation ist fremdorganisiert. Der Arbeitende hat insofern ständig zwei Aufgaben zu erfüllen: die Re-Strukturierung seiner eigenen Arbeitsverhältnisse, die sich unter dem Einfluss der eigenen Strukturierungsleistungen ständig verändern und die Beachtung der bestehenden sich aber ständig verändernden betrieblichen Begrenzungen

Die weite Fassung der Entgrenzung ermöglicht eine Trinität der Entgrenzung zu formulieren, welche die Entgrenzung der Arbeitsverhältnisse, der Lernverhältnisse und der Verhältnisse der Lebensführungen umfasst, der ich gern eine vierte Dimension hinzufüge: eine Entgrenzung der Kapitalverhältnisse (Abb.1).

Abb. 1 Dimensionen der Entgrenzung

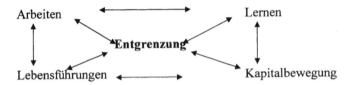

2.3. Entgrenzte Lebensführungen – die flexible Alltagsorganisation

Die Annahme ist sicher berechtigt, dass die Konstituierung und Verbreitung eines neuen Arbeitstyps auch eine neue Qualität des gesamtgesellschaftlichen Lebenszusammenhanges nach sich zieht. Auf die Erosion der standardisierten Übergänge z.b. von der Berufsausbildung in die Erwerbstätigkeit, die Auflösung lebenslanger Betriebsbindungen oder auch der gleitende Übergang in den Vorruhestand bzw. Ruhestand – gleichsam die vertikale Entgrenzung – hatten wir schon hingewiesen. Diese Entgrenzung vollzieht sich aber auch auf horizontaler Ebene. Bisher schienen die Lebensbereiche der privaten Lebensführung und der Berufstätigkeit, der Arbeits- und Freizeitsphäre, der gebundenen, fremdgesteuerten Zeit und der freien Zeit, die zur persönlichen Verfügung steht, klar voneinander unterschieden zu sein. Der Übergang zu einem neuen Arbeitstypus verändert offensichtlich aber auch die Lebensführung und das Verhältnis von Arbeit und Lebensführung oder Arbeit und Leben (Voß 1991). Das Konzept von Lebensführung, wie es die Arbeitsgruppe unter Voß (1998) fasst, geht davon aus, dass die Menschen in verschiedenartigen Sozialzusammenhängen tätig sind. Die dabei getroffenen Arrangements müssen koordiniert und reguliert werden – gleichsam ein Arrangement der Arrangements getroffen werden. Für dieses integrierende Arrangement entwickeln die Individuen ein auf Routinen basierendes Handlungssystem – eben die Lebensführung. Dieses System ist sozial geprägt, aber nicht durch die äußeren Bedingungen determiniert. Es muss durch die Personen aktiv konstruiert werden und besitzt – einmal hervorgebracht – auch eine strukturelle Selbständigkeit. Das Phänomen der Entgrenzung erfasst gegenwärtig – und die Entwicklung steht möglicherweise erst am Anfang – mit der Entgrenzung der Arbeit auch die Lebensführung.

1. Es entgrenzen sich die bisher getrennten Lebensbereiche nicht nur räumlich, zeitlich oder sozial, sondern auch die Sinngehalte und die Organisationsformen nähern sich an. Die Entgrenzungen des Arbeitens und der alltäglichen Lebensführungen führen dazu, dass sich die Grenzen zwischen Arbeits- und Freizeit, zwischen privater (Eigen)Arbeit und Erwerbsarbeit reduzieren und durchlässiger

werden. Arbeits- und private Lebensorte durchmischen sich, private und betrieblliche Arbeitsmittel werden wechselseitig gebraucht, die betriebliche Arbeitssphäre und die Arbeitstätigkeiten im sozialen Umfeld nehmen verstärkt aufeinander bezug, die jeweils in einer Sphäre erworbenen Kompetenzen werden auch für andere Sphären bedeutsam und im Bedarfsfalle transferiert. Zwischen privater und beruflicher Arbeit bilden sich diffuse Sozialformen und -normen und ein Geflecht multivalent nutzbarer sozialer Beziehungen heraus.

Relativ trivial sind solche Überlagerungen oder Durchmischungen z.b. bei den Arbeitsmitteln oder der Arbeitszeit feststellbar. Der Laptop erhält seine Funktion dadurch, dass er den Betreffenden ständig begleitet, den Datentransfer aus der Freizeit, Wegezeit, Wartezeit und Arbeitszeit ermöglicht. Das privat erworbene und unterhaltene Auto gehört in vielen Berufen einfach zum Ausstattungsstandard, ohne den der Beruf nicht ausgeübt werden kann, wobei das Unternehmen sich nicht nur die Arbeitskraft, sondern auch die Arbeitsmittel aneignet. Die Arbeitszeit verlagert sich in die private Sphäre, vielleicht weniger im Sinne einer räumlich-zeitlichen Trennung, sondern im Sinne der permanenten Antizipation und Reflexion der zu erwartenden Arbeitsabläufe. Der Arbeitnehmer ist auch außer der Erwerbsarbeit nicht bei sich, seine Gedanken sind bei der Arbeit.

Ein Horrorszenario aus der Szene der start-up-Unternehmen, das außerhalb einer work-life-balance liegt, schildert ungewollt ein Extrem der New Economy (Berliner Zeitung vom 5.Sept.2000):
Die Bewerbung künftiger Mitarbeiter wird danach beurteilt, ob die Leute „heiß" sind. Der „nine to five-job" ist nicht gefragt, 12-15 Stunden sind normal, der weißgetünchte Arbeitsraum von ca. 300 qm gibt Raum für 50 Schreibtische, kaum einer der Arbeitenden ist älter als 30 Jahre. Freitagsabend bestellt der Unternehmer Pizza für die Belegschaft oder grillt. Auf einer Liste stehen die Namen derjenigen, die Küchendienst haben. Die Firma wird zum Ersatz für die sozialen Bindungen außerhalb der Fabriketage, andere Freizeitbindungen werden eingegangen, um bei der Arbeit kreativ zu sein, wofür man Außenkontakte braucht. Arbeitszeitgesetze oder Regeln werden vom Unternehmer nicht zur Kenntnis genommen, statt eines Betriebsrates gehen die Mitarbeiter gemeinsam joggen, in einem Nebengebäude ist eine Wohnung angemietet, um Mitarbeitern evtl. Übernachtungen zu ermöglichen, die Hierarchien sind flach und fließend, die Firmengründer sitzen bei den anderen im Arbeitsraum. „Auf der Höhe der Zeit sind nur die mit Augenringen."

2. Damit ist ein zweiter Veränderungsprozess in den Lebensführungen verbunden. Die private Lebensführung wird einer erwerbsgerichteten Durchgestaltung des alltäglichen Lebens untergeordnet. Die verschiedenen Arrangements, die der Einzelne, z.B. in der Freizeit, in der Familie, im Lernen organisieren muss, sind dem Ziel eines reibungslosen Ablaufs oder Vollzugs des Arbeitsprozesses untergeordnet. Das Arrangement der Arrangements ist der Erwerbstätigkeit unterworfen, wobei eine work-life-balance gesucht wird. Dabei finden sich auch in der Realität zwei Wege der Entgrenzung: Zum einen wird die Nichterwerbsarbeitssphäre zunehmend für die Erwerbsarbeit instrumentalisiert. Freizeittätigkeiten werden in Hinblick auf ihre Verwertbarkeit auf dem Arbeitsmarkt geprüft,

soziale Beziehungen werden unter der Sicht ihrer sozialen Kapitalbildung eingegangen und entsprechende Zweckmäßigkeitsargumente überlegt, ob man solche Beziehungen eingehen sollte. Der Kompetenzerwerb in der Nichtarbeitszeit wird in Hinblick auf ökonomische Vermarktung sondiert. Alle Kapitalsorten – im Bourdieuschen Sinne – werden entwickelt, um letztlich ökonomische Kapitalbildung voranzutreiben oder zu ermöglichen.
Zum anderen müssen Vereinbarkeitsmodi von Arbeit und Leben gefunden werden, die ein ertragreiches Arbeitsleben und eine kontinuierliche Erwerbsbiographie ermöglichen, in der Arbeit dominiert, aber nicht alleiniges lebenswertes Moment ist. Eine solche Verausgabung bzw. Vereinnahmung war für manche Berufsgruppen wie dem Künstler, dem Wissenschaftler, vielleicht auch dem Lehrenden und dem Unternehmer – wie den oben beschriebenen Start-ups - schon immer charakteristisch und das Individuum erhielt oder erwarb dadurch Einmaligkeit und Schöpferkraft. Die Entgrenzung der Lebensführung und ihre Unterordnung unter die Erwerbsarbeit bringt aber auch eigene Grenzen hervor. Mit der zunehmenden Arbeitsorientierung und -belastung werden die personalen Ressourcen verbraucht, das Gleichgewicht – die Balance – wird gestört, die Arbeitsfreude geht verloren und damit wird die Ressource Arbeitskraft entwertet.
3. War in der Vergangenheit eine traditional routinisierte und eine hart durchorganisierte, letztlich sogar disziplinierte Lebensführung der dominierende Typ der realisierten oder angestrebten Lebensführung, so scheint die Entgrenzung des Arbeitens eine situativ reagierende, flexible und offene Alltagsorganisation zu erzwingen. Charakteristisch sind ein weitgehender Verzicht auf detaillierte Planung und vorausschauende Antizipation. Die Stabilität in der Lebensführung beruht auf dem Selbstvertrauen, zum richtigen Zeitpunkt auch situationsgerecht reagieren zu können, und auf den personalen Kompetenzen, die man sich selbst zuschreibt. Voß u.a. sprechen von einer „Verarbeiterlichung" des Alltags. Lebensführung wird immer mehr zu einer bewusst ergebnisorientiert betriebenen Strukturierungsleistung der work-life-balance, die selbst als eine besondere Form der Arbeit angesehen werden kann oder muss (Jurczyk/Voß 1995, Voß 1998, Weinberg 1999).
Der Zeitpunkt scheint nahe zu rücken, zu dem man sich an die Marxsche Vorstellung erinnert fühlt, dass die Gesellschaft es dem einzelnen Menschen ermöglichen werde, heute dies, morgen jenes zu tun, morgens zu jagen, mittags zu fischen, abends Viehzucht zu treiben, nach dem Essen zu kritisieren, wie ich gerade Lust habe, ohne je Jäger, Fischer, Hirte oder Kritiker zu sein oder zu werden. Der Mensch scheint vom Joch des Arbeitszwangs und eines Berufs befreit, aber sein gewonnener Handlungsraum ist die Arbeitslosigkeit, die letztlich auch Erwerbslosigkeit und Existenzverneinung bedeutet.
Spätestens an dieser Stelle müsste sich beim Leser Widerspruch einstellen, und tatsächlich entbehrt die bisherige Darstellung der Entgrenzung der Lebensführung nicht einer bestimmten Einseitigkeit. Das Individuum steht den entgrenzenden Bedingungen, die zum Teil Ergebnis eigenen Wirkens sind, nicht alter-

nativlos und schicksalsergeben gegenüber. Eine genauere Analyse der Reaktionen auf die Entgrenzungen zeigen erstaunliche Gegenbewegungen, der Entgrenzung Grenzen zu setzen:
Es war darauf hingewiesen worden, dass sich vielerorts eine Überlagerung von Arbeits- und Wohnort vollzieht. Ganz im Sinne früherer Heimarbeit ist vielfach die Wohnung auch der Arbeitsplatz, an dem die Erwerbstätigkeit ausgeübt wird. Finanzielle, juristische Dienstleistungen, individuelle Berater- und Bildungsunterstützung, journalistische oder Designertätigkeiten werden „von Zuhause aus" geleistet (Kleemann/Voß 1999, Pongratz 2001). Zugleich vollzieht sich seit Jahren eine Abwanderung aus Großstadtquartieren in die Randgebiete der Städte. Die Siedler nehmen oft lange und langwierige Anmarschwege in Kauf, um zwischen der Arbeitsstätte und dem Wohnort eine Trennung zu vollziehen. Sie suchen „ihre" private Welt zu erhalten.
Die sozialen Beziehungen – so hatten wir weiterhin festgestellt – werden zunehmend erwerbsorientiert organisiert. Nutzt mir der andere für die Organisierung meines Erwerbsleben. Dieser vielfach zu beobachtenden Instrumentalisierung steht eine Bewegung entgegen, sich gerade die sozialen Beziehungen außerhalb der Erwerbsarbeit alternativ zum Arbeitsprozess zu organisieren. Man möchte mit anderen Leuten zusammensein, über andere Themen reden, an einer anderen Welt teilnehmen. Die sozialen Welten der Arbeit und der Freizeit werden von vielen bewusst getrennt. Skeptiker könnten an dieser Stelle einwenden – und mit dieser Dialektik müsste man leben – dass genau ein solcher Wechsel die Arbeitskraft regeneriert und sie ständig erneut beschäftigungsfähig werden lässt. Die Negation wird negiert. In ähnlicher Weise gestalten sehr viele – vor allem junge Menschen – ihre Freizeit überhaupt nicht unternehmenskonform. Sie suchen in den verschiedensten Abenteuersportarten Risiko, Spannung, das sog. thrilling oder auch in den Fangemeinden den Raum für Romantik, Zusammengehörigkeit, Autonomie. Alles, was die Arbeit nicht zu bieten scheint, wird ganz traditionell in der Freizeit zu verwirklichen gesucht. Das destruktive Dilemma ist nur, das zum einen der neue Arbeitstypus der Erwerbsarbeit solche Kompetenzen wie Risikobereitschaft, Korporations(Korps)geist oder Neugier im Unternehmen ausprägen soll und manche Unternehmen solche Tätigkeiten für ihre Mitarbeiter – zumindest aber für die leitenden Angestellten – organisieren, zum anderen auch dort, wo diese Übereinstimmung nicht so offensichtlich wird, diese Art von Freizeittätigkeit wieder sozial und psychisch stabilisierende Funktion ausüben kann (Veith 1995).
4. Es wird häufig bei den Diskursen zu veränderten Lebensführungen nicht bedacht, dass sich auch die privaten Lebenswelten verändern, in denen sich die Lebensführungen vollziehen und in denen sich Lebensführungen arrangieren müssen. Die Familie hat unter den Bedingungen der Normalität von Scheidungen eine Veränderung erfahren. Wer gehört noch zur Familie: die erste, zweite, dritte Frau oder Mann? Welche Kinder wachsen beim wem auf und gehören die anderen Kinder auch zur Familie, aber zu welcher oder zu mehreren. Was wird

mit den Rollen der Großeltern? Wenn Scheidungen normal werden, dann heißt das, jede dieser Verbindungen vervielfacht sich, und was bedeutet eine Scheidung der Großeltern für die Zuordnung zur Familie? Diese Veränderungen erfassen z.b. auch die Freizeit selbst, die durch eine Freizeitindustrie bestimmt wird. In 86 000 Sportvereinen rennen, schwimmen, springen, spielen 24 Millionen Menschen, Zehntausende laufen bis zum Zusammenbruch bei Marathonläufen, nur um in die Starterliste zu kommen und dabei gewesen zu sein. Für Sportartikel wird mehr Geld ausgegeben als für die Unterhaltungselektronik. Der Kleiderfabrikant Klaus Steilmann äußert zufrieden: "Mountainbiking, Freeclimbing, Rafting, Skating, Paragliding – wer nicht irgendeinen verrückten Sport zumindest ab und zu treibt, verpasst etwas von Mode, vom Leben, kann nicht mehr mitreden" (Berliner Zeitung 30.4.1999). 4,9 Millionen Hunde, 360000 Spielautomaten und 17 Millionen Gärten sorgen für entsprechende Tätigkeiten. Mit der Freizeitgestaltung sind bei steigender Anzahl mehr als 5 Millionen Menschen beschäftigt. Schon müssen sich Menschen von der Freizeit erholen. (Berliner Zeitung 30.4.1999)

2.4. Entgrenzung des Lernens
Die Entgrenzungen des Arbeitens und der Lebensführungen, die wiederum auf die Herausbildung eines neues Typus der Arbeitskraft verweisen, verändern auch die Inhalte, Formen und Strukturen des Lernens. Ein neuer Typus des Arbeitenden wird nicht nur über veränderte Kompetenzen verfügen müssen, sondern er wird sich diese Kompetenzen auch auf eine veränderte Art des Lernens – analog zur Entgrenzung des Arbeitens – in einem entgrenzten Lernen erwerben, reproduzieren, inszenieren und vermarkten müssen. Die einleitenden Bemerkungen zu den empirisch wahrnehmbaren Veränderungen des alltäglichen Lernens zeugten davon.

Der veränderte Ansatz dieses sich entgrenzenden Lernens besteht insofern in der radikalen Unterwerfung aller Elemente (Inhalte, Formen, Methoden, Zeiten, Orte) des Lernens unter den Zwang der Selbstorganisation durch das Individuum. Insofern tangiert der Begriff der „Entgrenzung des Lernens" auch den der „Subjektivierung des Lernens" und enthält auch dessen Ambivalenzen. Im Ergebnis dieses entgrenzten Lernens prägt das Individuum eine individuelle Spezifik und eine selbstbestimmte Strukturierung seiner Bildung aus (sein Bildungs- und/oder Kompetenz*profil*), es verantwortet und steuert den Lernprozess, es trifft die entsprechenden inhaltlichen und sozialen Lernarrangements, es reflektiert die Resultate, Wege und Kontexte seines Lernens, und es integriert die erworbenen und ständig regenerierten Kompetenzen in den Tiefenschichten seiner Person.

Abb. 2 Dimensionen der Entgrenzung des Lernens

lebenslang

biographische Dimension

⇧

lebensnah soziale D. ⇐ **Entgrenzung des** ⇒ Handlungsd. **lebensgestaltend**
                           Lernens

⇩

räumliche D.

lebensweit

Das oben genannte Paradigma der Selbstorganisation wird die Schrift begleiten und für die weiteren Kapitel eine integrierende Funktion ausüben. Zum einen wird die sich herausbildende neue Lernkultur wesentliche Züge der Selbstorganisation tragen, mit der sie Ordner erzeugt, die helfen Unbestimmtheit, Unberechenbarkeit, und Unvorhersagbarkeit zu bewältigen. Zum anderen wird das Individuum in seiner subjektiven Handlungsweise der Selbstorganisation bedürfen, um in der Situation der Unbestimmtheit Orientierung und Gleichgewicht zu finden. Schon dieser zweifache Gebrauch macht auf die Vagheit und Mehrdeutigkeit des Begriffs „Selbstorganisation" aufmerksam. „Selbstorganisation" ist faktisch ein Sammelbegriff für ganz unterschiedliche Phänomene geworden, die eine bunte Vielfalt der unterschiedlichen Ansätze in den verschiedenen Sozialwissenschaften darstellen (Bolbrügge 1997, S.11).
5. Soziale Selbstorganisationsprozesse folgen Systemen von Ordnern, die im weiteren als Kulturen gefasst werden. Auch die gegenwärtigen Veränderungen des Lernens sind in eine Vielzahl spontan verlaufender, nicht durchschau- und vorhersagbarer Veränderungen der Lerninhalte, -subjekte, -strukturen, -formen eingekleidet, die sich oft hinter dem Rücken der sich Bildenden und der Bildner durchsetzen und die historisch bestimmte Lernkulturen konstituieren. Zu solchen Prozessen werden gezählt: die Einbeziehung des informellen Lernens, die Integration von Lernen in Feldern außerhalb der Erwerbstätigkeit, das mediale Lernen, die Diffundierung des Lernens in den verschiedenen Lebensphasen, die regionalen und medialen Vernetzungen der Lernenden und Lernanbieter, die Herausbildung neuer Professionen von nichtpädagogischen Bildungskoordinatoren und -moderatoren (Weinberg 2001, Abb.3).

Abb. 3 Ebenen der Entgrenzungen des Lernens

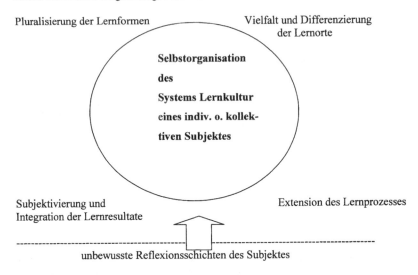

Es geht nicht mehr um mit anderen geteilte, austauschbare Fertigkeitsmuster des Lernens, um Fähigkeiten zum passiven Erwerb und zur Ausführung fremdgesetzter betrieblicher Erwartungen, um von den privaten Lebensführungen sauber geschiedene Bildungsprofile, um Teilaspekte menschlicher Eigenschaften oder um bestimmte auf biographische Phasen beschränkte Akkumulationen von Bildung. Gefragt sind vielmehr Kompetenzen, die sich schnell verändernden Bedingungen und wechselnden Anforderungen anpassen, die Übertragungen zwischen den einzelnen Tätigkeitsbereichen ermöglichen, innovativ Anwendungen auf neue Problemsituationen gestatten und auf die ständige Neuorganisation der eigenen Persönlichkeitsdispositionen orientieren. Das schon erwähnte Papier der Bayrischen Wirtschaft formuliert als Ziele des Lehrens und Lernens: „Basiskompetenzen, die elementare Lebens- und Handlungsfähigkeiten sichern, ein Weltwissen, das Orientierungsmöglichkeiten im privaten wie im beruflichen Leben bietet, personale Schlüsselqualifikationen für Alltag und Berufsleben, soziale Kompetenzen"(VBW 2003,5).

Bereiche des entgrenzten Lernens. Erpenbeck/Heyse, denen ich im weiteren folge, gehen von einer dreifachen Staffelung der Bereiche des Lernens aus, wobei für jeden der Bereiche das Entgrenzungsparadigma gilt(1999, S.31): Der erste Bereich verweist auf den einzelnen Lerner und die Lernanforderungen, der zweite bezieht sich auf Lerngruppen in Unternehmen, Organisationen, Branchen und Berufen und die Lernförderlichkeit der Lernorte, der dritte schließlich orientiert auf die infrastrukturellen Ermöglichungsbedingungen von Lernprozessen, d.h. die Lernförderung durch Strukturen (z.B. soziale Körperschaften). Die Lernkultur umfasst alle Bereiche, ist also nicht nur auf die subjektiven Dispositionen beschränkt. Für eine Charakteristik der Lernkultur z.b. einer Region ist es wesentlich, welche Institutionen, Einrichtungen, Organisationen existieren und welche Beziehungen zwischen ihnen bestehen, für die Analyse der emotionalen Einstellung von Personengruppen zum Lernen und zum Weiterlernen bedarf es der Analyse der existierenden Lernmilieus usw. Der Bereich des einzelnen Lerners umfasst wiederum die Dimension der *Lernumgebung*, die Stellung des Subjektes darin und die dadurch gegebenen Formen des Wissensgewinns, die Dimension des *Lernprozesses* und seiner Lernformen und die Dimension des Lernsubjektes, seiner *Lernresultate* und Lernreflexionen.

Bezogen auf die oben angeführten Prozesselemente des Arbeitsprozesses, werden in der Literatur meist folgende Tendenzen entgrenzten Lernens diskutiert (Baethge 1990, Dohmen 1996, Arnold 1997, Nuissl/Schiersmann/Siebert 1997), die ich in einer systematischen Annäherung an das Thema entgrenztes Lernen in eine Prozessanalyse eingliedere: Im weiteren unterscheide ich – in Anlehnung an die Elemente des Arbeitsprozesses – folgende Elemente des Lernens (Abb.4):

Abb. 4 Elemente des Lernens in der Entgrenzung

Das veränderte und sich verändernde Lernen wird Lernkulturen erzeugen, deren wesentliches Merkmal es sein könnte, sich ständig selbst zu verändern und deren Effizienz darin besteht, diese Selbstveränderbarkeit zu ermöglichen. Insofern stellt der gegenwärtige Wandel der Lernkulturen nur eine konsequente Fortführung von Individualisierungsstrebungen in der Bildung dar.

Für den Leser ergeben sich mit den nachfolgenden Kapiteln eine Verständnisschwierigkeit. Die Überschriften suggerieren mit der Formel „ von – zu" irreversible Übergangsprozesse und die eine Ablösung und Substitution einer traditionellen Lernkultur vorzeichnen. Leitende Intention der Darlegungen ist es aber gerade zu zeigen, dass die Entgrenzungen auch die Existenz verschiedener Kulturformen, von Zwischenformen, von Parallelitäten einschließen und die neue Lernkultur durch Unbestimmtheit und Pluralität gekennzeichnet ist.

Tab. 3 Elemente des entgrenzten Lernens

Zeit	die Ausdehnung des Lernens auf die gesamte Lebenszeit (lebenslang bis stundenweise), wobei die Zeit aktiver Erwerbsarbeit oder die Schulzeit nach wie vor als besonders intensive Lernphasen gesehen werden. Die Zeiten diffundieren und werden oft nicht mehr als isolierte Zeiten des Lernens ausgewiesen
Raum	die Entgrenzung des Raums durch Informations- und Kommunikationstechnologien, die den Lerner von bestimmten Lernorten unabhängig machen und ihm gestatten, ein multiples System vielfältiger Bildungsorte zu konstruieren
Mittel	der Einsatz von IuK technologien, die eine beliebige Konstruktion der Lernkooperation (Vernetzung) und der Informationsrecherche gestatten
Inhalt	die Bildungskanone der verschiedenen Bereiche destrukturieren und flexibilisieren sich. Komplexe Meta-Kompetenzen (basale Persönlichkeitskompetenzen) gewinnen an Bedeutung, d.h. Fähigkeiten zum Erwerb, zur Weiterentwicklung und Pflege sowie zur selbständigen Anwendung der unmittelbaren prozessspezifischen Fähigkeiten (Selbstkontrolle, Selbstökonomisierung, alltagspraktisches Zeitmanagement usw.)
Soziale Form	als dominierende soziale Form erweist sich die individuell organisierte Aneignung, in der die sozialen Funktionen des Lehrens und Lernens nicht mehr gesondert geschieden sind, Bildung nimmt Warencharakter an, der Erwerb von Bildung erfolgt unter der Perspektive des Tauschwertes
Institution	traditionelle Bildungsinstitutionen (Schule, Universitäten, Akademien, Volkshochschulen), durchlaufen einen Funktionswandel und müssen sich auf neue Lernformen einstellen. Einrichtungen außerhalb bisheriger Bildungsinstitutionen werden Bildungsfunktionen übernehmen (Arbeitsämter, Jugendämter, Jugendhilfe). Nichtinstitutionalisierte Bildungsformen (das informelle Lernen) suchen Bewertungs- und Zertifizierungsformen
Biographie	nach einer Elementarbildung als gesonderter Bildungsphase im Kindes- und Jugendalter werden Arbeits- und Lernprozesse sich überlagern und durchmischen. Die Freiheitsgrade der Entscheidung über Inhalte, Zeiten, Dauer des eigenen Lernens erweitern sich

3. Von der Qualifikation zur Kompetenz – die Entgrenzung der Erkenntnisresultate

Mit diesem Kapitel beginnend, werden erkennbare elementare Prozesse des sich entgrenzenden Lernens untersucht Das vorliegende Kapitel versucht die Entgrenzung in den Erkenntnisresultaten zu bestimmen und analysiert den vermeintlichen Übergang von der Qualifikation zur Kompetenz. Neben einer begriffsgeschichtlichen Analyse des Kompetenzbegriffes wird vor allem gegen eine Abwertung des Wissens- und Qualifikationsbegriffs argumentiert und die Notwendigkeit betont, eine Pluralität der Erkenntnisresultate zuzulassen.

In bezug auf die Lernresultate werden – vor allem pädagogischen Intentionen folgend – Wissen, Fähigkeiten, Fertigkeiten, Werte, Kompetenzen und Qualifikationen unterschieden. Wir verzichten auf eine weitere Bestimmung der einzelnen Begriffe und verweisen auf entsprechende Wörterbücher. Die Darstellung der Entgrenzung des Lernens und ihrer Grenzen hatte mehrfach darauf Bezug genommen, dass ein entgrenztes Arbeits- und Arbeitskraftmodell auch die Struktur des für die Erwerbstätigkeit erforderlichen Wissens und Könnens entgrenzen wird, und so gibt es zumindest in der Literatur der Erwachsenenbildung weitgehende Übereinstimmung, dass die Verfügbarkeit über Wissen keine alleinige Ressource für kompetente Umsetzung und kreative Anwendung von Erkenntnissen mehr darstellt und eine komplexere Kategorie benötigt wird. Für die Herausbildung einer neuen Lernkultur scheint in diesem Zusammenhang „Kompetenz" zu einem zentralen Begriff geworden zu sein. *Die neue Lernkultur wird kompetenzbasiert oder -zentriert sein.* In verschiedenen Kontexten wird vom Übergang von der Qualifikation zur Kompetenz gesprochen, dass die Weiterbildung im Sinne einer reinen Wissensvermittlung einer umfassenden Kompetenzentwicklung weiche (Staudt/Meier 1996) und Erpenbeck/v.Rosenstiel (2003) sprechen sogar davon, dass der Transformation der Informations- in eine Wissensgesellschaft eine Transformation der Qualifikations- in eine Kompetenzgesellschaft entspräche. Die Aufmerksamkeit, die der Kompetenzidee entgegengebracht wird, resultiert aus solchen einfachen Fragen: Welche Lernresultate befähigen uns eigentlich, um in wechselnden, unsicheren Situationen eigene Lebensführungen zu gestalten oder Problemsituationen zu bewältigen? Wo und wann erwerben wir diese Fähigkeiten? Welche Hilfen kann man den Individuen geben, sie sich anzueignen? Der Kontext, der den neuen, weiten Begriff der Kompetenz erzwingt, ist offensichtlich die Notwendigkeit, die subjektive Handlungsbefähigung als Teil der Subjektivierung des Lernens begrifflich besser zu fassen. Dabei geht das Kapitel im weiteren davon aus, dass mit der besonderen Akzentuierung eine reale Entwicklung in der Bildungslandschaft gefasst wird und sich tatsächlich ein Übergang von einem traditionellen Qualifikationsverständnis – zumindest in der Berufs- und Weiterbildung – zur Kompetenzentwicklung empirisch wahrnehmbar vollzieht. Um von vornherein Missverständnisse zu vermeiden, scheint es für die weitere Diskussion um Kompetenzentwicklung in einer neuen Lernkultur als notwendig erstens darauf zu verweisen, dass der Diskurs um Kompetenzentwicklung in einer langen Tradition steht, wie z.b. durch Arnold nachgewiesen, und zweitens dieser Übergang sich nicht als Substitution oder Ersetzung (Arnold 1997) zu dem Qualifikationsverständnis vollzieht, sondern verschiedene Formen der Erkenntnisresultate und Handlungsorientierungen auch in einer sich verändernden Lernkultur nebeneinander bestehen werden.

3.1. Kompetenz – nur ein neuer Begriff?

Die Geschichte des Kompetenzbegriffes ist lang und wechselvoll, wir verweisen auf die entsprechenden Passagen bei Erpenbeck/Rosenstiel (2003, S.Xff). oder Arnold (1997), bei denen z.b. auf die Diskussionsstränge der berufspädagogischen Diskurse verwiesen wird.: Zu Beginn der 70er Jahre formulierte der Bildungsrat, dass der Lernerfolg vor allem daran zu erkennen sei, inwieweit das Lernen das Individuum zu eigenverantwortlichem Handeln in privaten, beruflichen und gesellschaftlichen Situationen befähige und Fähigkeiten und Dispositionen entwickle, die selbständig und flexibel in berufliches Handeln umgesetzt werden können. Die in den 70er Jahren gegen die kulturpädagogische Ziel- und Funktionsbestimmung von Bildung einsetzende „realistische" Wende reduzierte mit einem berufspädagogischen Fokus der ökonomischen Verwertbarkeit den traditionellen Bildungsbegriff und führte den Kompetenzbegriff ein. In den 80er Jahren wurde mit der „reflexiven Wende" dieser Begriff durch den Persönlichkeitsbezug wieder erweitert und die Ganzheitlichkeit der zu erwerbenden Persönlichkeitseigenschaften betont. Die „utilitaristische Wende" in den 90er Jahren verband das zweckbezogene berufsorientierte Lernen mit dem persönlichkeitsorientierten Lernen. Als gegenwärtige Diskussionsstränge finden sich zum einen Versuche, den Qualifikationsbegriff zu erweitern und ihn durch Begriffe zu ersetzen, die nicht nur Wissens- und Leistungsdispositionen, sondern auch Werte und Selbstorganisationspositionen erfassen. Schon in den 70er Jahren wird der Qualifikationsbegriff z.b. in seiner engen arbeitsteilig orientierten Sicht erweitert, indem auf extrafunktionale oder prozessübergreifende Qualifikationen verwiesen wird (Mertens 1988). Seit den 80er Jahren wird der Begriff der Schlüsselqualifikationen gebraucht, mit dem eine Funktionsintegration zwischen Subjekt- und Sachorientierung eingeleitet wird. Im Kern bezeichnen Schlüsselqualifikationen übergreifende, breit verwertbare fachliche und soziale Fähigkeit und Fertigkeiten, die nicht an konkrete Qualifikationsstufen und Berufe gebunden sind.. Arnold verweist z.b. auf den Ansatz der handlungsorientierten Berufsbildung, der auf Methoden orientiert, die ein aktives und selbsterschließendes Lernen ermöglichen sollen. Bunk (1994, S.12) spricht von Selbsthilfequalifikationen und erfasst damit einen wesentlichen Inhalt des Kompetenzbegriffes. Ein solches Lernen zu ermöglichen, bildet Element einer Didaktik selbstorganisierten Lernens, die wiederum Bestandteil einer Ermöglichungsdidaktik ist.

Eine zweite Tendenz seit den 80er Jahren versteht das Erwachsenlernen als Identitätslernen. Erwachsenenlernen muss davon ausgehen, dass die Menschen nur vor dem Hintergrund und dem Kontext ihrer subjektiven Handlungsgründe und ihrer Lerngeschichte lernen. Arnold (1997, S.287) verweist darauf, dass Erwachsenenlernen sich als ein Deutungslernen darstellt, d.h. als eine systematische, mehrfach reflexive und auf Selbsttätigkeit verwiesene Auseinandersetzung des Menschen mit eigenen und fremden Deutungen.
Diese verschiedenartigen Wenden charakterisieren einen längerfristigen Paradigmenwechsel zu einer Pädagogik, die komplexe subjektive Fähigkeiten betont, subjektive Zuständigkeit einfordert, und Wertorientierungen und Identität als wesentliches Moment der Dispositionen hervorhebt, die nicht mehr ausschließlich aus einer beruflichen Identität resultieren.. Insofern ist in einer gegenwärtig ausufernden Kompetenzdiskussion erkennbar, dass ein historischer Prozess des Selbstverständnisses von Lernen zum Begriff drängt.
Unter dieser Sicht vergegenwärtigen wir uns noch einmal das *Erkenntnisinteresse an der Begriffsbildung:* Der Begriff „Kompetenz" soll sich
- nicht nur auf die objektivierten Leistungsresultate, sondern auf die erworbenen oder zu erwerbenden subjektiven Dispositionen des Individuums richten,
- über die Vorstellungen zu Wissen, Fähigkeiten und Fertigkeiten hinausgehen und auf komplexere Dispositionen orientieren,
- unter den Dispositionen dem selbstorganisatorischen Moment ein besonderes Gewicht geben,
- den wertenden und motivational-voluntativen Aspekt der Dispositionen hervorheben.

Es mag verwundern, dass erst nach der Explizierung der Erkenntnisinteressen auf die gängigen Definitionsversuche geblickt wird. Es wäre verständlich, wenn eine solche Analyse am Beginn stünde und danach eine Extraktion des Merkmalraumes erfolgen würde. Es muss aber daran erinnert werden, dass Begriffe zweck- und interessengebundene Konstruktionen sind, ich frage also nicht: „Was ist Kompetenz?", sondern „Was will ich unter Kompetenz in einem bestimmten Kontext verstehen", und dazu bedarf es eingangs der Klarheit über die Zwecksetzungen.
Die nachstehenden Begriffsbestimmungen aus der pädagogischen und psychologischen Literatur bieten die verschiedensten Merkmale eines möglichen Begriffs „Kompetenz":
In der Entwicklungspsychologie fasst z.B. Leontjew (1979, S.42) „ K. als das System innerpsychischer Voraussetzungen, das sich in der Qualität sichtbarer Handlungen niederschlägt".
Bernien formuliert (1997, S.24): „K. beinhaltet die Summe der Wissensbestände und die Anwendungsfähigkeit des Wissens in der Gesamtheit aus aktiven und ruhenden, sichtbaren und verborgenen, beschreibbaren und nichtbeschreibbaren, bewussten und unbewussten Komponenten".

In der Bestimmung von Baitsch (1996, S.102) wird Kompetenz als das System der innerpsychischen Voraussetzungen aufgefasst, das sich in der Qualität der sichtbaren Handlungen niederschlägt und diese reguliert. K. bezeichnet danach die prozessuale Qualität der innerpsychischen Tätigkeit und als solche ein wesentliches Merkmal der Persönlichkeit. Inhaltlich ist damit die systemische und prozessuale Verknüpfung von Werten und Einstellungen mit den Motiv-Ziel-Strukturen einer Person gemeint, welche die Erfahrungen prägen und modifizieren und in die Stabilisierung und Entwicklung von Fertigkeiten, Fähigkeiten und des Wissens dieser Person einfließen.

Allgemeiner fasst Weinberg (1996, S.3) den Kompetenzbegriff: „Für die Beschreibung dessen, was ein Mensch wirklich kann und weiß, hat sich der Begriff der Kompetenz eingebürgert. Unter K. werden alle Fähigkeiten, Wissensbestände und Denkmethoden verstanden, die ein Mensch in seinem Leben erwirbt. Münch (1995, S.11) versteht unter K. die Fähigkeit, "aufgabengemäß, zielgerichtet, situationsbedingt und verantwortungsbewusst betriebliche Aufgaben zu erfüllen und Probleme zu lösen und zwar – je nach arbeitsorganisatorischen Gegebenheiten – entweder allein oder in Kooperation mit anderen."

Bei Erpenbeck findet man ein Bestimmungsangebot, dass sich mit den oben formulierten Erkenntnisinteressen weitgehend deckt: *Kompetenz bringt im Unterschied zu anderen Konstrukten wie Wissen, Können, Fertigkeiten, Fähigkeiten, Qualifikation usw. die als Disposition vorhandenen Selbstorganisationspotentiale des konkreten Individuums auf den Begriff (Erpenbeck 1996, S.110).*

Dieser Begriff wird in weiteren Darstellungen Erpenbecks weiter expliziert:
- Er fasst danach ganzheitliche Handlungsdispositionen, die Einstellungen, dauerhafte Motivationen, Interessen beinhalten.
- Er schließt – um den Anspruch Selbstorganisationsprozesse abzubilden - Reflexivität und Selbstreflexivität ein.
- Er hebt wertorientierte Merkmale (Werte, Ideale, Normen, Symbole, Rituale) als Zugang zur Selbstorganisation heraus.

Kompetenzen können insofern als Voraussetzungen charakterisiert werden, in Situationen der Unbestimmtheit und Ungewissheit selbstorganisiert schöpferisch Handlungsalternativen hervorzubringen. Dabei wirken die Ebenen des Wahrnehmens (der Daten, des Sachwissens), des Interpretieren (des umgreifenden Wissens und Deutens) und des Bewertens (die Weisheit der Sinnbildung) zusammen (Hofkirchner 1998, S.89).

In der Diskussion werden vielfache Untergliederungen von Kompetenzen mit entsprechenden Begriffen gebildet, wir greifen in Anlehnung an Erpenbeck folgende heraus, ohne eine solche Klassifikation überbewerten zu wollen:

Fach- und Methodenkompetenz bezeichnet Dispositionen einer Person, bei der Lösung von sachlich-gegenständlichen Problemen geistig und physisch selbstorganisiert zu handeln und mit Hilfe verfügbaren Wissens, Handlungsprogrammen und Algorithmen Methoden auch selbst zu entwickeln.

Personale Kompetenz bezeichnet die Disposition, sich selbst gegenüber reflektierend zu handeln und kritisch zu verhalten, verbunden mit der Kompetenz Einstellungen, Werthaltungen und Ideale selbst hervorzubringen.
Handlungs- oder Aktivitätskompetenz bezeichnet die Disposition, individuelle Absichten und Ziele selbstorganisiert, aktiv und willensstark umsetzen und dabei andere Kompetenzen integrieren zu können.
Sozial-kommunikative Kompetenz bezeichnet die Disposition, mit anderen zu kooperieren und zu kommunizieren, Perspektiven zu übernehmen und Empathie, Rollendistanz und Ambiguitätstoleranz entwickeln zu können (nach Faulstich Sensibilität, Kommunikations-, Kooperations-, Konflikt-, Reflexionsfähigkeit).
Andere Einteilungen oder auch Trennungen z.b. der Fach- von der Methodenkompetenz sind möglich. Die in der Diskussion starke Betonung gerade der sozial-kommunikativen Kompetenz lässt es z.b. als sinnvoll erscheinen mit weiter differenzierenden Begriffen zu arbeiten: u.a.: kritisch-reflexive, kritisch-soziale, kritisch-instrumentelle Kompetenz.(Anm.2)
Häufig wird auch der Begriff **berufliche Kompetenz** verwendet, der als integrativer Begriff gebraucht wird: Er bezeichnet die Summe aller Dispositionen, Fähigkeiten, Fertigkeiten, Wissensbestände und Erfahrungen des Menschen, die ihn zur Bewältigung seiner beruflichen Aufgaben und gleichzeitig zur eigenständigen Regulation seines beruflichen Handelns einschließlich der damit verbundenen Folgeabschätzungen befähigen (Bernien1997, S.25).
Die Intention der Diskurse zu einer sich verändernden Lernkultur weckt das Interesse am Begriff „**Lernkompetenz**". Es ist unbestritten, dass Lernen einer bestimmten Kompetenz des Individuums zum Lernen bedarf und ein wesentlicher Inhalt schulischer Allgemeinbildung ist es, diese Kompetenz herauszubilden, das Lernen zu lernen. Diese Kompetenz zum Lernen schließt ein bestimmtes Basiswissen, das sich erweitert reproduzieren kann, Gedächtnis- und assoziative Verknüpfungsleistungen und auch ein internes Repertoire von kulturellen und geistigen Verfahren und Techniken ein. Der Begriffsbestimmung folgend, erscheinen vor allem drei Bereiche dieser Lernkompetenz als bedeutsam:

- die Kompetenz des Individuums zur **Reflexion** der Handlungsbedingungen und der eigenen Handlungsdispositionen, die wiederum in Fähigkeiten des Beobachtens, Vergleichens oder Abschätzens gegründet ist;
- eine **kommunikative Orientierung**, die sich nicht nur auf die Gesprächsbereitschaft bezieht, sondern vor allem auf die Fähigkeit zum inneren Dialog, zur internen Vorwegnahme möglicher Einwände, zum Einfühlungsvermögen in das Denken anderer;
- die Fähigkeit zur **Antizipation** der möglichen Handlungsabläufe. Lernen erscheint als ein gedankliches Probehandeln, in dem Handlungsfolgen und -abfolgen, Handlungsbedingungen antizipiert, gewertet und gewichtet werden, was u.a. auch den exklusiven Zeitbedarf für ein solches Probehandeln erklärt.

Lernkompetenz bezeichnet danach eine Disposition, reflexiv selbstorganisiert zu lernen, dazu kommunikativ und kooperativ Beziehungen zu anderen zu organisieren und mögliche Handlungsabläufe und Entscheidungssituationen zu antizipieren.

3.2. Nachdenkliches zum Kompetenzbegriff

Mit der verkündeten kompetenzorientierten Wende sind eine Reihe von Nachdenklichkeiten verbunden:

1. Auch hier wird – wie schon bei der Entgrenzung festgestellt – der Übergang zur Kompetenz fast ausschließlich aus den Interessen der Wirtschaftsentwicklung abgeleitet. Der neue Typus der Arbeitkraft – der Arbeitskraftunternehmer – soll kompetenzbasiert handeln und auch dort, wo er soziale oder personale Kompetenzen abruft, werden sie im Interesse der Produktivitätssteigerung bemüht. Selbst dort, wo auf die Identitätssicherung zugegriffen wird, geschieht das aus dem Interesse heraus, die Identität unter den Bedingungen wechselnder und unsicherer Erwerbstätigkeiten stabil zu gestalten und als Quelle von Innovation zu erschließen. Kompetenzen, die für die Gestaltung eines zivilen Lebens, für die Entwicklung des Gemeinwesens, für sozial gleichberechtigte und gleichwertige Beziehungen, für die Ausgestaltung der Partizipation bedeutsam wären, werden kaum diskutiert. Ein solcher Einwand wird sich auch bei den weiteren Argumentationen wiederholen und soll deshalb nicht weiter ausgeführt werden.

2. Die oben vorgenommene Begriffsbestimmung lässt die Vorstellung vom Arbeitskraftunternehmer als einen veränderten Typus des Lohnarbeiters verdeutlichen. Der Arbeitskraftunternehmer ist ein homo competens. "Kern der Qualität von Arbeitskraftunternehmern und der Grund für ihren zunehmenden betrieblichen Einsatz ist die erweiterte Selbstkontrolle ihrer Arbeit und der erweiterte Zugriff auf ihre menschlichen d.h. sozialen Eigenschaften. In diesen Feldern – Selbstkontrolle, Selbstökonomisierung, alltagspraktisches Selbstmanagement – müssen deshalb die letztlich entscheidenden Kompetenzen des neuen Typus von Arbeitskraft verortet werden."(Voß 1998, S.483) In dem von der Münchner Gruppe um Voß definierten Profil des Arbeitskraftunternehmers finden sich folgende Basiskompetenzen (Voß/Pongratz 1998):

Abb. 5: Basiskompetenzen des Arbeitskraftunternehmers

Kompetenz zur kritischen Reflexion des eigenen Arbeitsvermögens

Kompetenz zur Konstruktion des persönlichen Beziehungshintergrundes und sozialer Netzwerke

Kompetenzen zur kontinuierlichen Selbstvermarktung mit offensiver Profilierung

Kompetenz zur Selbstkontrolle des Alltags (zur Selbstrationalisierung)

Kompetenz zur Selbstmotivierung und individuellen Sinnfindung

Kompetenz zur Ichstabilisierung und Belastungsverarbeitung

Kompetenz zur aktiven Biographisierung

Die für die Erwerbstätigkeit relevanten Eigenschaften sind auf das personale Selbst bezogen, sie sind auf eine Selbststeuerung und Selbstentwicklung gerichtet und erfordern eine hohe personale Selbstreferenz und Selbstreflexivität: Sie beziehen sich damit nicht nur auf den Erwerbsbereich, sondern auf das „ganze„ Leben, sie haben eine ausgeprägte Alltags- und praktische Lebensnähe, und sie greifen auf bisher kaum explizit für Arbeitszwecke genutzte Tiefenschichten und Potentiale der Personen zurück. Insofern besteht das Problem dieses Arbeitskrafttypus vielleicht gar nicht so sehr darin, dass er auf einen Umgang des Arbeitenden mit seiner Arbeitskraft wie der eines Unternehmers mit seinem Kapital orientiert, sondern auf die Perfektionierung des Zugriffs des Eigentümers auf die ganzheitliche Person des Arbeitnehmers, die in sich alle bisherigen Trennungen von Arbeits- und privater Welt aufgehoben hat. Konnte der Arbeitende in der Vergangenheit noch um den Verkauf seiner Arbeitskraft und die Zeit feilschen, in der er sie verkaufen musste oder konnte, und war tatsächlich ein jahrhundertlanger Kampf der Arbeiterschaft darauf gerichtet, durch Arbeitszeitverkürzungen den Anteil der zu verkaufenden Arbeitszeit zurückzudrängen, so setzt jetzt eine Situation ein, in der der Arbeitende nicht nur in der bezahlten Arbeitszeit seine Person verkauft, sondern mit dieser Person auch die übrige Lebenszeit, in der er die erforderlichen Kompetenzen akkumuliert, soziale Beziehungsnetze knüpft, kulturelles Kapital erschließt, Inszenierungsmöglichkeiten sucht. Der Arbeitende verkauft nicht nur seine Arbeitskraft, sondern mit ihr s e i n e Person, und er ist aufgefordert, seine Ressourcen offen zu legen und anzubieten. Es kehrt sich die Last um, nicht der Käufer trägt die Verantwortung dafür, dass ein ständiges Arbeitsangebot bereitsteht, sondern der Verkäufer trägt die Verantwortung dafür, dass er sich als Person ständig auf eine solche Verwertung und den Verkauf vorbereitet. Nicht der fehlende Bedarf an zu bezahlender Arbeitskraft soll das gesellschaftliche Problem darstellen, sondern die ungenügende Vorbereitung der Arbeitskraft darauf, sich multioptional vorzubereiten und anzubieten.

Die Neuartigkeit gegenüber dem erwähnten sich personal ganzheitlich entäußernden Wissenschaftler oder Künstler besteht darin, dass jetzt auch die Masse der Arbeitnehmer von dieser perfektionierten Aneignung der Arbeitskraft/des Arbeitsvermögens durch den Eigentümer erfasst wird, dass diese Aneignung nicht nur ausschnittartig auf spezifische Qualifikationen gerichtet ist, sondern den Menschen „total" erfasst. Der Verkauf der Ware Arbeitskraft hat sich mit der Entgrenzung der Arbeitskraft gleichfalls entgrenzt.

3. Die Kategorie „Wissen" hat spätestens mit der Thematik der „Wissensgesellschaft" eine gesellschaftliche Aufwertung erfahren, Wissen wird neben Kapital und Arbeit zu einem konstitutiven Element und Mechanismus von modernen Gesellschaften. Insofern bedürfte es im Vergleich zu Kompetenz keiner Legitimation des kategorialen Gebrauchs.

Vor allem in der Bestimmung der Bildungsinhalte hat sich jedoch fast unmerklich eine Abwertung des Wissens, insbesondere in seiner expliziten Form eingestellt. Kompetenz als komplexere Kategorie erfasst gegenüber dem wertfreien und nicht handlungsbezogenen Wissen erfolgsrelevante Verhaltens- und Handlungsdispositionen, die in ganzheitlichen Orientierungen, Wertungen und Erfahrungen eingebettet sind und vor allem ein Handeln unter Bedingungen der Unbestimmtheit und Unsicherheit ermöglichen. Nach einer längeren Zeit der besonderen Wertschätzung eines am System der Wissenschaften orientiertem und geordnetem expliziten Wissen, das in curricularer Form auch zum Gegenstand von Bildung wurde, tritt offensichtlich ein verstärktes Interesse an handlungsorientierten und erfahrungsbegründeten Kompetenzen. Wissen erscheint gegenüber Kompetenz als die weniger praktikablere, „ärmere" Kategorie, was wiederum dazu führt, dass solche Wissensformen wie das implizite Wissen im Sinne von Können, Wollen, Dürfen oder das prozedurale Wissen im Sinne von Prozess- oder Erfahrungswissen kultiviert werden. Dieser breite Begriff des Wissens wird jedoch deckungsgleich mit dem Kompetenzbegriff, und Praktiken des Wissensmanagements werden zu denen des Kompetenzmanagements (Erpenbeck 1999, S.3)erweitert. Im Sinne eines kritischen Reflektierens über mögliche Vereinseitigungen sei noch einmal betont, dass eine neue Lernkultur eine Pluralität auch der Erkenntnisformen bedarf. Auch dort, wo der Wissensbegriff nicht erweitert wird, bleibt Wissen ein Grundbaustein jeglicher Erkenntnis und rational begründeter Handlungsfähigkeit. Es wäre äußerst bedenklich, wenn unter dem Eindruck notwendiger personaler oder methodischer Kompetenz die Individuen zwar rhetorisch gewandt kommunizieren, den Dialog einfühlsam pflegen und sich brillant präsentieren könnten, aber nicht wüssten, wovon sie eigentlich sprechen. Ein generalisiertes Nichtwissen würde letztlich auch die Kompetenzvorstellung entwerten. "Der Generalist ohne disziplinäres und fachliches Wissen, der von allem etwas, aber nichts genaues weiß und dieses auch noch als Kompetenz ansieht, ist auch in der Schule kein Bildungsideal"(Mittelstraß 2000).

4. Unter einer ähnlich kritischen Sicht wäre mit der Einführung und Nutzung des Kompetenzparadigmas das Verhältnis zu Qualifikation und zum Qualifikationsbegriff zu bestimmen. Gängige Meinungen suggerieren, dass man auf die Qualifikationsvorstellungen verzichten und diese durch die Kompetenzkonzeption ersetzen könne. „Von der Qualifikation zur Kompetenz" lautet die entsprechende Formel verkürzt.

Arnold nennt folgende Inhalte (1997, S.269) des Übergangs vom Qualifikationslernen zum Kompetenzlernen(Tab.5):

Tab. 5 Qualifikation und Kompetenz (Arnold 1997, Kade 1983)

Qualifikation	Kompetenz
Erfüllung konkreter externer Nachfragen bzw. Anforderjungen	Subjektbezogene Dispositionsbildung
Unmittelbar tätigkeitsbezogene Kenntnisse, Fähigkeiten, Fertigkeiten	Ganzheitliche Persönlichkeitsdispositionen
Bestandsorientiert	Prozessorientiert
Situationsspezifisch	Situationsunspezifisch
Reagierend	Antizipativ
Erfüllung meist fremdgesetzter Zwecke	Selbstorganisation
Zertifizierbare, abgegrenzte Inhalte	Vielfalt unbegrenzter individueller Handlungsdispositionen
Sachverhaltsorientiert	Wertorientiert, -gesteuert, -generierend
Vermittelt	In der Tätigkeit erworben
Lehrerzentriert	Lernerzentriert

Die begründende Argumentation eines solchen Überganges von der Qualifikation zur Kompetenz ist relativ leicht einsichtig:
E r s t e n s definierte und definiert Qualifikation noch immer Berufe bzw. berufliche Handlungsfelder. Wenn in der Gegenwart eine sog. Entberuflichung (Severing 2001) eintritt, so müsste auch die Vorstellung von der Qualifikation erodieren. Mit der zunehmenden Flexibilisierung der Tätigkeitsprofile, der raschen Überalterung der Qualifikationsbestände, dem mehrfachen Arbeitsplatzwechsel verlieren berufliche Qualifikationen als soziale Schablonen der Vermarktung und Nutzung von Arbeitsfähigkeiten an Bedeutung. Die Qualifikation veraltet nicht nur relativ rasch, sondern sie verliert auch ihre primäre Basisbestimmung in Form von grundlegenden handwerklichen Fähigkeiten und Fertigkeiten. Lernanstrengungen zum Erwerb von Qualifikationen laufen zunehmend ins Leere. Der Einzelne leitet seine Identität nicht mehr aus einem Beruf und den damit

verbundenen Qualifikationen ab, sondern „bastelt" aus wechselnden Kontexten seiner beruflichen Erfahrungen mit der Zeit eine Collage zusammen. Danach könnten Selbstorganisationsfähigkeit und die biographische Sammlung und Verarbeitung von Kompetenzen eine Erwerbsbiographie konstruieren lassen, bei der der Beruf als strukturierendes Moment in den Hintergrund tritt. Der berufslose, aber kompetente Tagelöhner, der als vagabundierender Kleinstunternehmer Jobs nachjagt, könnte die Konsequenz einer solchen Entwicklung der Arbeitskraft sein. Mehr ironisierend könnte man fragen, wie es zu erklären ist, dass gerade die über Patchworkbiographien oder Bastelcollagen reden und schreiben, die ihre geradlinig verlaufende Professorenkarrieren durchlaufen.

Zum anderen folgte die Argumentation der Überlegung, dass der Sinn, der mit Qualifikation verbunden wird, nicht den tatsächlichen Erfordernissen eines modernen Unternehmens entspricht. Der Begriff „Qualifikation" löste in den 70er Jahren in der Erwachsenenpädagogik den Begriff „Bildung" ab und orientierte auf ökonomische Erfordernisse. Qualifikationen wurden aus der Sicht eines externen Bedarfes, weniger aus der Perspektive der internen Möglichkeiten des Subjektes bestimmt. "War für das klassische Konzept von Bildung, wie es für die deutsche Gesellschaft und ihre Bildungsinstitutionen im Neuhumanismus entwickelt und politisch durchgesetzt worden ist, ein Persönlichkeitsideal konstitutiv, so kennzeichnet den Begriff der Qualifikation seine Bezogenheit auf gesellschaftliche Arbeit" (Baethge 1974, 479). *Qualifikation bezeichnete danach ein für eine bestimmte arbeitsteilige Verrichtung notwendiges Wissens und Könnens, das als subjektives Handlungspotential dem Subjekt zur Problembewältigung zur Verfügung steht.* Von Interesse für pädagogische Bewertungen könnte es sein, dass Qualifikationen nicht erst im selbstorganisiertem Handeln sichtbar werden, sondern auch in davon abgetrennten, normierbaren Lehr- und Prüfungssituationen(Erpenbeck/Rosenstiel 2003, XI) vermittelt und erfasst werden können. Sie sind Wissens- und Fertigkeitspositionen, die *vermittelt und unabhängig von der konkreten Situation bewertet werden können.*

Im Unterschied zur Qualifikation geht der Kompetenzbegriff davon aus, dass sich die Qualifikationen ändern, die für die Erwerbsarbeit bedeutsam sind. Der Typus des Arbeitskraftunternehmers wird dann funktional sein, wenn es den Betroffenen gelingt, persönlich konturierte, aber auf spezifische betriebliche Nutzungsmöglichkeiten und Arbeitsmarktsegmente ausgerichtete kohärente Kombinationen von Fähigkeiten zu kompilieren und anzubieten. Es wird darum gehen, die jeweiligen Arbeitskraftmuster aktiv zu kultivieren und als individuelle Kompetenzprofile weiter zu entwickeln. Die mehrfach schon dargestellte Entgrenzung der Arbeit führt dazu, dass an die Stelle der vorbereitenden Schärfung der Qualifikationen die Vermittlung selbstschärfender Kompetenzen tritt (Arnold, 1997, S.267), *es geht weniger darum, sich dem Wandel anzupassen, sondern auf die Selbstanpassung an den Wandel und auf mögliche Entwertungen durch Arbeitslosigkeit vorzubereiten.* Arbeitslosigkeit ist die massivste Abwertung und Entwertung von Qualifikationen, zumal wenn durch das Arbeitsförderungsgesetz (AFG) und den dort formulierten Zumutbarkeitsregelungen neue Selektions- und Allokationskriterien bestimmt werden. Insofern könnte es sich trotz des tatsächlichen und propagierten Überganges zum Kompetenzlernen als zweckmäßig erweisen, nicht vollständig auf den Qualifikationsbegriff zu verzichten, wenn auf spezifische berufsbezogene Kenntnisse und Fertigkeiten verwiesen werden soll: Kompetenzen werden Qualifikationen als Bausteine oder Elemente aufweisen – ähnlich der Beziehung zum Wissen – , die für bestimmte Arbeitsverrichtungen notwendig sind. Die Qualifikation fungiert insofern als Basis der Kompetenz oder auch verschiedener Kompetenzen. Eine Vielzahl von Arbeitsverrichtungen wird zudem zu ihrer Erfüllung „nur" der Qualifikationen bedürfen. Es ist offensichtlich ein Tätigkeitsszenario denkbar, dass sowohl Qualifikationen wie auch Kompetenzen Raum gibt bzw. beide Formen der Erkenntnisresultate erfordert:

Es müsste vielleicht auch überdacht werden, ob der in Diskussionszirkeln der ABWF gebrauchte und wesentlich von Erpenbeck geprägte Begriff „Kompetenz" hinsichtlich seines Merkmales „Disposition zu sein" nicht kritischer gewertet werden muss. Gehen wir dabei von einer Bestimmung von „Disposition" aus, die ausschließlich eine innere, nicht erkennbare Einstellung fasst, so könnten und müssten Disposition und Tätigkeit getrennt werden. Kompetenz ist jedoch kontextbezogen, und sie ist immer an eine konkrete Tätigkeit gebunden, in der sie existiert, sich äußert und auch herausbildet. Kompetenzen würden in einer solchen weiten Fassung des Begriffs *als Dispositionen vorhandene Selbstorganisationspotentiale zum Ausdruck bringen, die sich in Tätigkeiten zeigen, bilden und verändern.* Damit könnte auch das Verhältnis zum Begriff der *Performance* bestimmt werden. Zumindest in der Transformationsgrammatik Chomskys wird dieser Begriff zur Bezeichnung des tatsächlich wahrnehmbaren Sprachgebrauch genutzt im Unterschied zur Kompetenz als einem kognitiven Regelsystem, mit dessen Hilfe sprachliche Handlungen generiert werden. *Performance bezeichnet danach die empirisch wahrnehmbaren Äußerungen der menschlichen Tätigkeit in ihrer historischen Konkretheit.* Mit der oben vorgenommenen Bestimmung würde ein weiter Kompetenzbegriff eingeführt, der diesen Performancebegriff einschließt.

3.3. Beschreibung, Bewertung und Messung der Kompetenzen

Der Übergang zur Kompetenzentwicklung bzw. das Bewusstwerden, dass Persönlichkeitsentwicklung wesentlich Kompetenzentwicklung ist, wirft neben den dargestellten Einwänden auch eine Reihe theoretisch gegenwärtig noch nicht geklärter Probleme auf:
- Die Abgrenzung von Kompetenzen verschiedener Qualität, von niederer und höherer Stufen verlangt die Bewertung der verschiedenen Stufen der Kompetenz innerhalb desselben Kompetenzbereichs. Erschwerend tritt hinzu, dass mit der einteilenden Bewertung Statuszuteilungen verbunden sind, man stelle sich in diesem Zusammenhang nur vor, dass eine Niveaustufung der organisationalen

Kompetenz zur Grundlage für die Eingliederung in die Leitungshierarchie eines Unternehmens wird.
- Die systematische Entwicklung der Kompetenz im Sinne des Überganges von einer niederen zu einer höheren Stufe verlangt, die dispositiven Merkmale zu benennen, die einer Veränderung unterworfen werden.
- Der Übertragung und Übertragbarkeit von Kompetenzen sind durch Definition Grenzen durch die Kontext- und Erfahrungsgebundenheit der Kompetenzbildung und -äußerung gesetzt. Eine Lösung könnte nur darin bestehen, dass eine Dekontextualisierung – vielleicht als Teil einer Selbstorganisationskompetenz – eingeleitet wird, in der die Kompetenz von der Situation bewusst getrennt und damit übertragbar wird, was das oben genannte Dilemma der Trennung von Kompetenz und Tätigkeit herausbeschwört.

Die Unsicherheiten führen immer wieder zu der Frage zurück, wie lassen sich Kompetenzen *beschreiben*, d.h. qualitativ und quantitativ charakterisieren, gibt es Möglichkeiten sie vergleichend zu *bewerten* und wenn möglich zu *zertifizieren*.

Die gegenwärtig sehr anspruchsvollen Verfahren und Institutionen einer Kompetenzbilanzierung – wie z.b. im Handbuch der Methoden der Kompetenzmessung von Erpenbeck und v.Rosenstiel (2003) – haben Vorläufer, die das Prinzip der Kompetenzbewertung und der vor uns stehenden Aufgaben anschaulich machen. In den USA wurden nach dem II. Weltkrieg sog. „credits" eingeführt, die den aus dem Krieg zurückkehrenden Soldaten vorhandene Fähigkeiten und Kenntnisse attestierten. Die Frauenbewegung in Kanada schuf auf diesem Wege nach der Erziehungszeit für Frauen Testierungen ihrer in dieser Zeit erworbenen Fähigkeiten und Erfahrungen, um ihren Wiedereintritt in das Berufsleben zu erleichtern. Ähnliches geschah für Stahlarbeiter in Frankreich, die durch Umstrukturierungen betroffen waren (vgl. Drexel 1997). In Deutschland sind die unterschiedlichen Ansätze, sich der Beschreibung; Bewertung und Klassifikation von Kompetenzen zu nähern, kaum noch zu übersehen.

Bezogen auf die Arbeitsanalysen sind z.B. Analyseinstrumentarien bzw. Methoden entwickelt worden wie
- die Anforderungsermittlung (Arbeitsbewertung nach Können, Verantwortung, Belastung, Arbeitsbedingungen);
- das Tätigkeits-Analyse-Inventar nach formalen Erfordernissen der Tätigkeit, kognitiven Anforderungen, Kooperations-Kommunikationserfordernissen, Handlungsspielräumen und Erfordernissen selbständige Entscheidungen treffen zu müssen/können, sensomotorischen Anforderungen und Kenntnissen;
- die Handlungsstrukturanalyse und Verfahren zur Ermittlung von Regulationserfordernissen in der Arbeitstätigkeit.

Mit der Qualitätsdebatte und der Strategie des Total Quality Management haben sich neue Sichten und Möglichkeiten der Qualitätssicherung und der Kontrolle eröffnet.

Unter den Verfahren, die unmittelbar dem Begriff der Kompetenzbewertung zuzurechnen sind, haben sich Kompetenzbilanzen eingebürgert. *Kompetenzbilanzen bezeichnen danach Verfahren zur Erfassung, Explizierung, Anerkennung und Dokumentation der bei einer Person vorhandenen Kompetenzen,* die meist durch betriebsexterne professionalisierte Bilanzierungseinrichtungen durchgeführt werden und für das Individuum als Ausweis eigenen Arbeitsvermögens dienen. Bei Erpenbeck und Heyse werden für eine funktional ähnlich ausgerichtete Beschreibung der Kompetenzen auch *Kompetenzbiographien* (Erpenbeck/Heyse 1999) gewählt, in denen die individuelle Entwicklung des Menschen als lebenslanger Lernprozess beschrieben wird, in dem sich das Individuum Kompetenzen aneignet, sie verknüpft, löscht oder regeneriert. *„Kompetenzbiographie" bezeichnet bei ihnen die Beschreibung der individuellen lebenslangen Aneignung, Umarbeitung und Löschung von Kompetenzen als selbstorganisierten Lernprozess, der einer eigenen Logik und eigenen Ordnungsparametern (Regularitäten, Werte) folgt.* Die Kompetenzentwicklung als biographisches Lernen stellt einen Suchprozess dar (Erpenbeck/Heyse 1999, S.109), der seine eigenen Logiken hervorbringt, die nur zum Teil als explizite Lernstrategien charakterisiert werden können und nur zum Teil mit den Lernanforderungen des sozialen Umfeldes in einem Opportunitätsverhältnis stehen. So gehört zum lebenslangen Lernen als konstituierendem Moment der Biographiekonstruktion z.B. auch ein motivierendes Impulsgeschehen, das wiederum nur partiell sich aus den biographischen Logiken des Lernens ergibt.

Die Messung von Kompetenzen bewegt sich in einer Spannung zwischen dem Wunsch – analog zu naturwissenschaftlichen Sachverhalten – Kompetenzen *messen* zu können und dazu objektive Messverfahren zu entwickeln, aber auch mit Hilfe von subjektiven Kompetenzeinschätzungen und -beschreibungen Kompetenzen *verstehen* zu können. Beide Vorstellungen werden bei Erpenbeck, Rosenstiel als Kompetenzbeobachtung zusammengefasst, das als objektives Messverfahren zur Messung von Kompetenzen wie auch als subjektives Kompetenzverstehen gestaltet werden soll. Subjektive Einschätzungen können quantifiziert und objektive Bemessungen können qualitativ ausgewertet werden, so die Autoren (Erpenbeck/v.Rosenstiel 2003, S.XX). Der umgangssprachliche Gebrauch der Begriffe „Beobachtung" und „Messung" verweist darauf, dass es kommunikationsökonomisch ist, beide Begriffe zu trennen und unter „Beobachtung", besser vielleicht sogar „Bewertung" die Beschreibung, Erklärung und das subjektive Kompetenzverstehen zu fassen und „Messen" auf das klassifikatorische, komparative und metrische/statistische Verfahren zur Datenerhebung zu beschränken.

Unabhängig von der Ausformung und Verbreitung der einzelnen Verfahren erscheint es bei den Versuchen Kompetenzen bewerten und messen zu wollen, als bedeutsam (Faulstich 1997), dass
- die Bewertung von Kompetenzen sich sowohl auf die in der formalisierten Aus- und Weiterbildung erworbenen Kompetenzen bezieht wie auch auf sol-

che, die jenseits und „unterhalb" einer solchen Ausbildung – im informellen Lernen – erworben wurden;
- die Vorstellung überwunden wird, man könne aus der Beschreibung des Arbeitsplatzes bzw. der Arbeitstätigkeit auf die Kompetenz schließen, die der Bearbeiter besitzt oder besitzen müsste. Die Tätigkeit lässt zwar eine Analyse der Lernhaltigkeit als potentielle Möglichkeit der Kompetenzentwicklung zu, die Aneignung dieser Möglichkeit bleibt aber eine Sache des aneignenden Subjektes;
- der Versuch gemacht wird, die Debatte um die im informellen Lernen erworbenen Kompetenzen an die Vorstellungen einer älteren Bildungstradition von Zertifizierung anzuschließen. Der Ruf nach Zertifikate ist also kein Rückfall in die preußische Ordnungs- und Regulationswut;
- für Arbeitnehmer durch Bewertungen und darauf beruhenden Zertifikationen mehr Sicherheit entsteht, um sich auch auf internationalen Arbeitsmärkten flexibler bewegen und Mobilitätshindernisse überwinden zu können, wobei nicht übersehen werden sollte, dass auch für Arbeitgeber vielfältigere Möglichkeiten entstehen, um Personalplanung, Personaleinsatz und Personalentwicklung gewinnbringender gestalten zu können.

Es bleibt der Nachteil, dass diese Diskussion um Kompetenzbewertung andere gesellschaftliche Bereiche wie die Schulbildung nur am Rande erfasst und eine breitere Diskussion z.B. um die Gestaltung und Bewertung von Zensuren, Punktsystemen, Ranglisten der öffentlichen Schulen und Bildungsstätten ausbleibt.

4. Von der Schule zum sozialen Umfeld – die Entgrenzung der Lernorte

Der Diktion des vorangegangenen Kapitels folgend werden die Entgrenzungen der Lernorte erörtert. Dabei wird davon ausgegangen, dass die Entgrenzungen der Lernorte die bisherige Segregation von Lernen im Prozess der Arbeit, Lernen im sozialen Umfeld, Lernen im Netz und Lernen in Weiterbildungseinrichtungen durchbrechen werden. Ein Phänomen der neuen Lernkultur wird gerade darin bestehen, dass die sektoralen Grenzen überschritten werden. Von einer zu erwartenden Komplexität der Lernorte ausgehend, wird die Lernhaltigkeit der Tätigkeiten und die Lernförderlichkeit vorhandener oder zu schaffender Strukturen der Lernorte betont. Dabei wird in Auseinandersetzung mit einem radikalen Konstruktivismus das methodologische Prinzip demonstriert, das ein Lernort erst durch die subjektive Wahrnehmung und Gestaltung zum Lernort wird, aber es einer Ausgangsbeschaffenheit des jeweiligen Lerngegenstandes bedarf, die den Lernprozess auslöst.

Unter den verschiedenen Dimensionen der Entgrenzung ist sicher die räumliche Entgrenzung die einsichtigste. Das Lernen verlässt die Grenzen der dafür vorgesehenen Institutionen, befreit sich von personalen Bindungen dieser Institutionen, von obrigkeitsstaatlich vorgeschrieben Berechtigungen und meist sozial segregierten Lernfeldern. Schon die UNESCO-Berichte der Faure-oder der Delors-Kommission (Faure 1973, Delors 1997) orientierten darauf, dass das Lernen nicht durchgehend in schulartig organisierten Formen stattfinden solle und verwiesen darauf, dass ein dem Lebenslauf inhärenter Kompetenzerwerb stattfindet. Die Neuformation spätmoderner Lebensläufe durchmischt alle Altersphasen mit Elementen des Lernens. Zunehmend wird dabei der Begriff „lebenslanges Lernen" mit der Beifügung „aller" oder „für alle" gebraucht. Damit orientiert der Begriff auf die Einbeziehung *aller* Bürger in das Lernen unabhängig von ihrem Alter und auf die Berücksichtigung *aller* Lebensbereiche (lebensumspannend). Die Aufforderung „lebenslang zu lernen" ist nicht nur ein Anspruch an das Individuum, sondern auch an die Öffentlichkeit, auf das Lernen außerhalb der Bildungsinstitutionen zu achten, die Umwelt lernfreundlicher zu gestalten und entsprechende lernförderliche Infrastrukturen zu schaffen. Der Begriff „lebenslanges Lernen" hat einen weiteren oft umgangssprachlich gebrauchten Begriff „lebensweites oder lebensumspannendes Lernen" vorbereitet. In diesem Begriff wird auf die Vielfalt der Lernformen und Lernorte aufmerksam gemacht, wobei das institutionelle und formelle Lernen eingeschlossen werden. „*Lebensumspannendes oder lebensweites Lernen*" bezeichnet ein Lernen, das alle Formen des Lernens in unterschiedlichen Lernorten einschließt, wobei sich die Beziehungen zwischen organisiertem und nichtorganisiertem, institutionellem und nichtinstitutionellem, formellem und informellem Lernen in den Kontexten jeweils spezifisch gestalten. Seltener gebraucht ist der Begriff „lebensnah". Er fasst die allerorts akzeptierte Vorstellung, dass Lernen sich vorrangig und effektiv in den praktischen Lebenstätigkeiten als z.B. als arbeitsbegleitendes oder arbeitsintegriertes Lernen vollzieht. In beiden Dimensionen – dem lifewide und lifenear learning – wird die Konzentration des Lernens auf und in Bildungsinstitutionen aufgehoben und auf die Nutzung der verschiedenen Lernorte – die Pluralisierung der Lernorte – als Wesensmerkmal von neuen Lernkulturen- orientiert.

Der Begriff „Lernort" wurde durch den Deutschen Bildungsrat Anfang der 70 Jahre in die pädagogische Fachsprache eingeführt (Deutscher Bildungsrat 1973) und hat sich seit dieser Zeit in der Lernortforschung etabliert. In jüngeren Veröffentlichungen wird dafür auch der Terminus „Lernposition" genutzt (Erpenbeck 2003). *Als Lernorte (positionen) werden räumlich-soziale Gegebenheiten/Einheiten bezeichnet, welche die Möglichkeiten eröffnen zu lernen.* Sie stellen vorgegebene oder intentional konstruierte Lernsituationen dar, wobei die Eigenschaft „ein Lernort zu sein" erst durch die aktive Beziehung eines Subjektes zu den jeweiligen räumlich-sozialen Gegebenheiten hergestellt wird. Selbst die Schule ist für einzelne Schüler oft weniger ein Lernort als vielmehr ein sozialer Treff, obwohl von der Intention her sie als klassischer Lernort konzipiert ist. Ein Kaufcenter ist weder von der Intention der Unternehmen noch von den Nutzern her an sich ein Lernort, es wird aber zu einem solchen in dem Moment, wenn die Kunden ein Lernen am Produkt vollziehen. Die traditionellen Lernorte der Schulen, Betriebe (für die berufliche Ausbildung) und Arbeitsplätze, Einrichtungen der Erwachsenenbildung sind seit längerem schon um solche Bereiche erweitert worden wie Museen, Theater, Medien, Bibliotheken. In der Gegenwart treten – wie eingangs angedeutet –Konsumbereiche, die Freizeit, Fitness- und Wellnesspraktiken, Ernährung oder soziale Beziehungspflege hinzu. Insofern können alle objektiven räumlich-sozialen Gegebenheiten zu Lernorten werden. Allerorten ist Lernort, aber nirgendwo ist ein Lernort a priori ein solcher Ort des Lernens, erst die aktive Beziehung des Subjektes zum Ort macht ihn dazu. *Lernort zu sein ist insofern eine subjektive und sozial eingeordnete Konstruktion.*

Die Erkenntnisinteressen der pädagogischen Diskussion orientieren auf solche Fragen: Welche Orte eignen sich für bestimmte Nutzergruppen und Lernziele als optimale Lernorte? Welche Kombinationen von Lernorten bringen einen optimalen Lerneffekt? Welche Lernorte geben bestimmten Altersphasen die günstigsten Lernmöglichkeiten? Welche Kosten entstehen für die einzelnen Lernorte?

Die Diskussionen um eine Pluralisierung der Lernorte bzw. ihrer lernförderlichen Bedingungen konzentrieren sich gegenwärtig auf zwei Bereiche: das Lernen in der Erwerbsarbeit und das Lernen im sozialen Umfeld, das sich außerhalb der Erwerbsarbeit vollzieht.

4.1. Lernen im Prozess der Arbeit

Lernen in der Arbeit bildet seit langem einen integralen Bestandteil von Lernen und besitzt in der Eleven- und Meister-Schülerausbildung des Handwerks eine lange Tradition. Der sich herausbildende tayloristische Charakter der Arbeit in der Manufaktur und der industriellen Arbeit mit der sich reduzierenden Lernhaltigkeit der Arbeitsverrichtungen führte in der Folgezeit zu einer Favorisierung des Lernens in institutionellen Lernorten, ohne dass das Lernen in der Arbeitstätigkeit an Bedeutung verloren hätte. Eine verstärkte systematische Zuwendung zum Lernen in der Arbeit fand sich in der zweiten Hälfte des vergangenen Jahrhunderts, u.a. in den Diskussionen zu Konzepten betrieblicher Weiterbildung, dem Lernen am Arbeitsplatz, der Lernförderung am Arbeitsplatz, dem Konzept des dezentralen Lernens. Die Weiterbildungsdiskussion der Gegenwart bietet eine Vielzahl von Unterscheidungen eines Lernens in der Arbeit an: Dehnbostel u.a. (1992) z.B. unterscheiden:
- Arbeitsgebundenes oder arbeitsimmanentes Lernen im Arbeitshandeln (d.h. Lernort und Arbeitsplatz sind identisch),
- Arbeitsverbundenes Lernen, bei dem Lernort und Arbeitsplatz verbunden sind (d.h. Lernen in traditionellen und modernen Formen z.B. Instruktion, Coaching, cognitive apprentiseship) und
- arbeitsorientiertes oder arbeitsbezogenen Lernen bei räumlicher und arbeitsorganisatorischer Trennung, dabei befinden sich die Lernumgebungen jenseits des unmittelbaren Arbeitsvollzugs, aber mit direktem Bezug auf die konkreten Problemstellungen und Erfahrungen in der Arbeit.

2001 unterscheidet er noch einmal zwischen dem arbeitsimmanenten (Lernen in gegenständlichen und sozial-interaktiven Handlungsvollzügen) und dem arbeitsgebundenen Lernen (Lernen in traditionellen und modernen Formen).
Severing (2001) stuft die Lernorte nach Arbeitsplatz, Umgebung des Arbeitsplatzes, betriebliche Bildungsstätten, überbetriebliche Bildungsstätten. Vielfach wird der Begriff auch sinngleich zu betrieblicher Bildung gebraucht.
In ihrer Vagheit und Differenziertheit erschweren diese Bestimmungen jedoch eine treffende Beschreibung des Lernens in der Arbeit, zumal die Übergänge z.B. vom arbeitsbezogenen Lernen zum arbeitsentkoppelten Lernarrangement (z.B. bei Planspielen, Simulationen) fließend sind und die reflexive Verarbeitung von Arbeitserfahrungen nicht auf explizite Lernsituationen beschränkt ist. Schiersmann/Remmele (2002) sprechen auf dieser Grundlage nur noch von einem *arbeitsbegleitenden Lernen* und unterscheiden arbeitsnahe Lernkontexte wie Lernstatt, Lerninseln, computergestützte Lernformen und lernförderliche Arbeitsformen wie Gruppenarbeit, Qualitätszirkel, Projektgruppenarbeit.
Das generelle Ziel des arbeitsbezogenen Lernens ist die Befähigung zum selbständigen und effizienten Handeln in veränderten und neuen Arbeitssituationen in einem Lernen, das in relativer Nähe zum Arbeitsplatz und zum konkreten Arbeitsgeschehen mit inhaltlich größtmöglichem Praxisbezug realisiert wird. Im weiteren soll deshalb mit *Lernen in der Arbeit ein arbeitsbegleitendes Lernen*

bezeichnet werden, das durch arbeitsnahe Kontexte und lernförderliche Arbeitsformen zu einer tätigkeitsbezogenen Erweiterung, Neustrukturierung oder Löschung vorhandener Kompetenzen eines individuellen oder kollektiven Subjektes in der Erwerbsarbeit führt

Dem Einwand, dass das Attribut „arbeitsbegleitend" zu schwach sei und das arbeitsintegrierte oder arbeitsimmanente Lernen ausklammere, könnte entgegengehalten werden, dass dem Begriff „arbeitsbegleitend" per Definition auch die anderen Dimensionen eines Arbeitsbezugs zugeordnet werden können, und zum anderen die Spezifik des Lernens als spezifischer geistiger Prozess mit dem Begriff „Begleitung" wirkungsvoll abgehoben wird. Im Grunde genommen spielt die Wahl der Bezeichnung nur eine untergeordnete Rolle, wenn nur der weite Sinn des Arbeitsbezugs erfasst und mit lernförderlichen Arbeitsformen eine entscheidende Voraussetzung für die Herausbildung betrieblicher Lernkulturen geschaffen werden, in denen Mitarbeitern echte Partizipationschancen und Entscheidungsmöglichkeiten eingeräumt werden(Reuther/Weiß 2003).

Die Form des arbeitsbegleitenden Lernens hat in der Zwischenzeit in verschiedenen Bereichen der Bildung Umsetzung und Weiterentwicklung erfahren und mit dem produktiven Lernen (Böhm/Schneider 1996) ein pädagogisch praktikables Konzept gefunden.

Die Intention, dass das Lernen im Prozess der Arbeit in neuen Lernkulturen ein wesentlicher Lernort sein wird, soll durch die nachfolgenden Bemerkungen nicht eingeschränkt, sondern weitergeführt werden: Es wäre zum einen zu berücksichtigen, dass die Bestimmung des Begriffs „Lernen im Prozess der Arbeit" davon ausgeht, dass unter Arbeit Erwerbsarbeit verstanden wird und in betrieblichen Strukturen erfolgt, wobei häufig auch Management- und Verwaltungssegmente der betrieblichen Arbeit ausgeklammert bleiben. Der Arbeitsbegriff wird bei der Charakteristik dieses Lernortes häufig nur in seiner engen Fassung gebraucht, Arbeiten außerhalb der Erwerbsarbeit bleiben vorerst außen vor. Der Begriff vermeidet zum anderen sich in bezug auf die Lernform festzulegen. Die Hauptform des Lernens in der Arbeitstätigkeit bildet das Lernen aus/in Erfahrungen, wobei sich das Erfahrungslernen nicht auf ein informelles, d.h. absichtsvolles Lernen beschränkt. Die Erfahrungen entstehen vielfach beiläufig, enpassant im Arbeitsprozess, ohne dass der Erkenntnisgewinn direkt Ziel und Gegenstand der Tätigkeit ist. Eine neue Qualität erhält das Lernen in der Arbeit, wenn der Arbeitsprozess reflexiv auch als Erkenntnisprozess fremd- oder selbstgesteuert organisiert wird und zu einem intentional gewollten und beabsichtigten Lernprozess wird. Hierbei ist es durchaus auch denkbar, dass dieses bewusste Lernen sich auch institutioneller Formen bedient (z.B. Erfahrungsaustausch)oder formell organisiert ist. Insofern kann Lernen in der Arbeit sich durchaus konventioneller Formen (z.B. Anlern- und Unterweisungsmodelle) oder Kombinationsformen bedienen und muss nicht zwangsläufig innovative neue Lernformen hervorbringen oder sich z.B. auf das informelle Lernen beschränken. Im Lernen in der Arbeit verschränken sich formelles und informelles Lernen, wobei letzteres

die vorrangige und effektive Form des Lernens am Arbeitsplatz darstellt. Es ist deshalb terminologisch auch berechtigt, schulförmige Formen der Weiterbildung in Betrieben auszuklammern und einem anderen Lernort zuzuweisen, wobei möglicherweise ein neues begriffliches Dilemma entsteht, wenn *institutionelle Formen* direkt an den Arbeitsprozess gebunden werden (z.B. in Lerninseln).
Häufig wird Lernen im Prozess der Arbeit auch mit betrieblicher Bildung gleichgesetzt. Beide Begriff drücken unterschiedliche Inhalte aus: Der Begriff „betriebliche Bildung" fasst den Ort der Bildungsarbeit, die Form der Bildungsmaßnahme (Aus- und Weiterbildung), das besondere didaktische Prinzip des Praxisbezuges und die Intention der Maßnahme, Mitarbeiter zu qualifizieren. Der Begriff „Lernen im Prozess der Arbeit" charakterisiert den Arbeitsprozess als Lernort, ohne sich auf den Betrieb festzulegen.
Es kann sein, dass den Leser die häufigen begrifflichen Exkurse langweilen oder vielleicht sogar ärgern, es muss darauf verwiesen werden, dass theoretische Selbstverständigung durch begriffliche Vagheiten und Mehrdeutigkeiten erschwert wird. Der Erfolg wissenschaftlichen Arbeitens hängt vielfach davon ab, inwieweit die in der betreffenden Wissenschaftssprache gebrauchten Termini präzise gebildet sind.

4.2. *Lernen im sozialen Umfeld*

Die Pluralität der Lernorte entgrenzt nicht nur die institutionellen Bildungseinrichtungen, sondern auch die eben definierte Erwerbsarbeit als Lernort und sucht Lernmöglichkeiten/Lernorte in den Bereichen außerhalb der Erwerbsarbeit. Ich erinnere daran, dass ein sich entgrenzendes Lernen auch auf zu erwerbende Kompetenzen orientierte, die nur außerhalb bisheriger traditioneller Lernorte erworben werden können, und es war auch festgestellt worden, dass nicht mehr die zertifizierte Qualifikation die Übernahme in die beruflich orientierte Erwerbstätigkeit garantierte. Kompetenzen – so war die Botschaft – werden in Tätigkeiten und dem damit verbundenen informellen Lernen erworben, eine Aufgabe, für die Bildungsinstitutionen bisher nicht ausgelegt sind. *Der künftige Zugang zur Arbeitsgesellschaft läuft über eine Kompetenzentwicklung, die maßgeblich nicht institutionell, sondern informell erworben wird* (Dehnbostel 1999, Dohmen 1996, Kirchhöfer 2000). Für dieses Lernfeld hat sich in dem letzten Jahrzehnt vor allem im Diskussionskreis der ministeriell gestützten Arbeitsgemeinschaft für betriebliche Weiterbildungsforschung der Begriff des *Lernens im sozialen Umfeld* durchgesetzt (Bootz/Kirchhöfer 2003, Franzky/Wölfling 1997, Hartmann 1999, Anm.4). Das Erkenntnisinteresse orientiert dabei auf ein Lernen, das möglichst umfassend die menschliche Tätigkeit außerhalb der Erwerbsarbeit im Unterschied zu technischen Prozessen oder natürlichen Vorgängen charakterisiert und die Möglichkeit gibt, das Zusammenwirken oder das Inbeziehungsetzen menschlicher Tätigkeiten des Arbeitens, Lernens und Lebensführungen zu beschreiben. Die Tatsache, dass der Begriff erst in dem letzten Jahrzehnt Eingang in die erwachsenenpädagogische Diskussion gefunden hat, darf nicht darüber hinwegtäuschen, dass sein Inhalt seit längerem Gegenstand unterschiedlicher Diskurskreise ist. Er findet sich z.b. in der Tradition der sozialpädagogischen Arbeit z.B. der subjektiv gedeuteten Lebenswelt, der Zielgruppenarbeit, der Stadtteilarbeit, der gemeinschafts- und personenorientierten Arbeit der kirchlichen Erwachsenenbildung, der Arbeit mit Problemgruppen in therapeutischer, helfender (caritativer) und beratender Funktion oder in der Tradition der alternativen Bildungsarbeit im Kontext sozialer Bewegungen (Friedens-, Ökologie-, Frauenbewegung), deren Handeln auf Partizipation orientiert ist. „Lernen im sozialen Umfeld" hat mit umfangreichen Forschungsprojekten wie „Lernen in der Freizeit" des Deutschen Jugendinstitutes oder „Produktives Lernen" des Institutes für Produktives Lernen in Europa auch außerhalb der Erwachsenenbildung Bearbeitung gefunden

In der Sozialwissenschaft wird der Begriff "soziales Umfeld" zwar gebraucht, aber als Fachterminus noch nicht präzisiert. Wenn er verwendet wird, gehen die Autoren meist von einem gemeinsamen Merkmalsvorrat aus, der schon irgendwie existiere. Dort wo Unsicherheiten reflektiert werden, wird der Begriff durch die Aufzählung der verschiedenen Objekte des Umfeldes, weniger durch eine Merkmalsnennung umschrieben. Aus der Diskussion bietet sich eine Begriffsbestimmung an: *„Soziales Umfeld" bezeichnet die Gesamtheit der gesellschaftlichen Verhältnisse außerhalb der Sphäre der organisierten Erwerbsarbeit und des Lernens in Bildungsinstitutionen, d.h. außerhalb des Funktionssystems der erwerblichen Wirtschaft und der öffentlichen Bildung (Kirchhöfer1998).* Die Verhältnisse des sozialen Umfeldes gehen jedoch oft aus den Verhältnisse betrieblicher Erwerbsarbeit hervor, sie wirken auf diese Verhältnisse zurück und konstituieren gemeinsam den Lebensraum der Individuen in einer Region. Insofern agieren auch die Bildungsinstitutionen im sozialen Umfeld außerhalb der Erwerbsarbeit.

Das soziale Umfeld ist in seiner Vielfalt und Differenziertheit durch das interessengeleitete Verhalten sozialer Subjekte bestimmt und vielfach sozial strukturiert. Dementsprechend könnte *Lernen im sozialen Umfeld ein in die Tätigkeiten des sozialen Umfeldes integriertes Lernen bezeichnen, das zu einer tätigkeitsbezogenen Veränderung (Umstrukturierung, Neubildung, Löschung) der Kompetenzen eines individuellen oder kollektiven Subjektes führt.*

Das Lernen im sozialen Umfeld folgt ähnlich wie das Lernen in der Arbeit einer Tätigkeitslogik (Bootz 1999; Bootz/Kirchhöfer 2003, Hartmann/Meyer-Wölfling 2003; Franzky/Wölfling 1997). Die gestaltenden Tätigkeiten im Umfeld bringen die Lernanlässe, Lernsituationen, Lernbedürfnisse hervor, sie bestimmen wesentlich den Rhythmus, die Zeit und die Abfolge des Lernprozesses, und sie bewirken die unterschiedlichen Formen der Lernresultate. In den Tätigkeiten im sozialen Umfeld werden nahezu alle Bereiche menschlicher Lebensäußerung auch zum Lernort eines sich entgrenzenden Lernens.

Charakteristische Lernbereiche (in einer Rangreihe des Zeitverbrauchs außerhalb der Arbeitstätigkeit):
Rechts- und Finanzfragen,
familiales Zusammenleben,
Handhabung Neuer Medien,
Krankenpflege/gesunde Lebensführung,
Körperpflege
Spracherlernen,
Haushalttechnik,
Rekonstruktions-, Renovierungsarbeiten,
Gartenarbeit,
Kindererziehung,
Landes-Heimatkunde(Tourismus).
Andere Felder ergeben sich z.b. aus und in persönlichen Lebenssituationen, z.B. einer Eheschließung und/oder des Beginns einer Partnerschaft, des Todes von Familienangehörigen und der dabei zu leistenden Trauerarbeit, der Krankheit und des Umgangs mit Krankheit, des Übergangs in die Arbeitslosigkeit oder in die Pensionierung.

Aber auch das Umfeld ist nicht a priori ein Lernfeld, sondern wird erst zum Lernfeld für das Individuum. Es bietet in seinen verschiedenen Arbeitsorten der Familie, der Öffentlichkeit, der Freizeit eine Vielfalt von Handlungs*möglichkeiten* an, ob diese jedoch auch als Lernmöglichkeiten oder -anforderungen wahrgenommen werden und damit das Umfeld als Lernfeld gestaltet wird, ist erstens eine subjektive Konstruktionsleistung des Individuums und zweitens eine Konstruktionsleistung der Gesellschaft und ihrer staatlichen und öffentlichen Repräsentation. Die Hervorhebung der Eigenleistung und Eigenverantwortung des Individuums heißt nicht, die Öffentlichkeit und den Staat aus seiner Verantwortung für die Gestaltung lernförderlicher Strukturen auch des Umfeldes zu entlassen, so wie sich auch Unternehmensleitungen nicht aus der Personalentwicklung zurückziehen können.

4.3. Lernen im Netz und Multimedia

Es gehört zu den Einstiegsstatements zum Lernen, auf die Lernmöglichkeiten der Neuen Medien zu verweisen (Matiaske/Keil-Slawik 2003; Engelin /Neumann 2000) (Anm.5). Wenig beachtet wird dabei, dass seit längerem z.B. im Hörfunk ein System der Lernunterstützung besteht, das über Hörerfragen, Ratgeberstunden und Beratungsdiensten funktioniert und sich als Ansprechpartner des Lernens bewährt hat. Nun könnte man sofort einwenden, dass sowohl das Lernen in der (Erwerbs)arbeit wie auch das Lernen im sozialen Umfeld den Gebrauch der Medien einschließt. Die übergroße Mehrzahl betrieblicher Arbeiten erfolgt heute computergestützt, die Verständigung zwischen den Arbeitenden erfolgt über computergestützte Kommunikationsnetze, im sozialen Umfeld wird ein wesentlicher Teil der Lerntätigkeiten über das Netz vollzogen, die

Kommunikation erfolgt mit Hilfe von Mails oder Handys. Das Lernen im Netz und mit Hilfe von Multimedia ist also in den beiden Bereichen der Erwerbsarbeit und dem sozialen Umfeld integriert.
Die Überlegungen gehen im weiteren davon aus, dass diese Lerntätigkeiten am PC längst über die Nutzung eines isolierten Lernmittels hinausgegangen sind und die Möglichkeit zur selbständigen und selbstgesteuerten Kompetenzaneignung eröffnen. In einem weiten Sinne könnte man darunter alles Lernen verstehen, das sich Informations- und Kommunikationstechnologien und den darauf aufbauenden E-learning-Systemen bedient. Das Spektrum des E-learning-Konzepts reicht von reaktiven und interaktiven Sprachlernsystemen über die selbstorganisatorische Konstruktion von Lernangeboten und Lernarrangements bis hin zu integrierten Systemen, die Kompetenzprofile zusammenstellen. Die jeweiligen Konstruktions- und Interaktionsebenen erzeugen oft selbst wieder Subsysteme des E-Lernens. In einer ersten Näherung könnte man mit *Lernen im Netz (E-Learning) ein weitgehend selbstorganisatorisches Lernen in einem offenen technisch-medialen System bezeichnen, das durch eine Synthese von medialer Steuerung, interaktiver Kooperation und selbstorganisatorischer Aneignung charakterisiert ist* (Reglin/Hölbling 2003; Stieler-Lorenz/Krause 2003). Die Informations- und Kommunikationstechnologien werden dazu genutzt, Verbindungen zwischen den Lernenden untereinander und zu den Lehrenden oder zwischen einer Lerngemeinschaft und den ihr zur Verfügung stehenden Ressourcen herzustellen. Dieser Begriffsgebrauch vermeidet die Interaktion nur als Mittel einer vielleicht perfektionierten Instruktion durch das mediale System aufzufassen, und öffnet die Beziehung auch als Agens der Spielsimulation und der Irritation (z.B. durch die Konstruktion ethischer Dilemmata).
Dieses Lernen bejaht auch – entgegen mancher Kritiken hinsichtlich einer durch mediales Lernen erzeugten Isolierung des Individuums – ausdrücklich kooperative Lernformen zur Gestaltung von komplexen Lernarrangements (hyper- learning) und die Möglichkeit gemischter Lernformen. Im Konzept des *Blended Learning* wird z.B. das Lernen im traditionellen Klassenzimmer und das virtuelle bzw. Onlinelernen didaktisch sinnvoll verknüpft (Gussenstätter, 2003,7) und ein Methodenmix angestrebt (virtuell – nichtvirtuell, stationär – mobil, synchron – asynchron, individuell – kollaborativ).
Wie die bisher gebrauchten Begriffe zeigen, ist das Begriffsnetz in diesem Bereich durch eine außerordentliche Dynamik mit hohen begrifflichen Umschlagsgeschwindigkeiten gekennzeichnet, die ein Merkmal von Offenheit des mediengestützten Lernens sind.
Für das Verständnis einer veränderten Lernkultur heben wir nur folgende Merkmale des E-Learning hervor:
- in der Beziehung zwischen Mensch und medialem System die aktive Position des auch kooperativen-Lerners zu betonen,
- das System selbst als offenes System von Lernmitteln zu charakterisieren, in dem ständig neue Lernziele und Lerninhalte generiert werden können,

- ein spezifisches System von Lerntätigkeiten herauszubilden, die wesentlich selbstorganisatorischer Natur sind,
- als offenes System sich mit vielfältigen anderen Formen des Lernens integrieren zu können.

Die Selbstverständlichkeit, mit der Lernende heute den Medien begegnen, sollte nicht darüber hinwegtäuschen, dass es – zumindest noch in der Gegenwart – spezifische Merkmale dieses Lernortes gibt, die es als ratsam erscheinen lassen, diesem Lernort und seine Entwicklung in einer neuen Lernkultur eine gesonderte Aufmerksamkeit zu widmen:

1. Die Nutzung von Medien(Internet) im Online-Betrieb stellt noch nicht die dominierende Form der Mediennutzung dar. Die Nutzungsdauer einzelner Medien weist für den Hörfunk ca. 200 Minuten, für das Fernsehen 180 Minuten, aber für das Internet nur 13 Minuten aus (Dichanz 1998). 2001 nutzten „nur" 38% der Teilnehmer den PC mit jeweils 58 Minuten im Onlinebetrieb (Paschen 2001). Die Expansion der Mediennutzung stellt einen Verdrängungswettbewerb dar, bei dem sich die Internetnutzung bis 2010 verdreifachen wird (Paschen u.a. 2001 S.46). Die Lernkultur im Bereich der Medien wird also einen offenen Mix verschiedener Medien darstellen und noch ist nicht entschieden, welchen einzelnen Rangplatz die verschiedenen Formen einnehmen werden. Dabei wird das neue Medium sicher in Zukunft mehr (zusätzliche) Zeit beanspruchen, andere Mediennutzungen durchaus auch konstante Zeiten aufweisen.

2. Allein die Angabe des Ausstattungsgrades der Haushalte mit modernen Medien oder die Nutzungsdauer sagt noch nichts über die Inhalte der Aneignung aus. Nach wie vor dominiert vor allem bei jüngeren Nutzern das Spielen am PC und bei den älteren Nutzern die z.T. ziellose und sporadische Internetrecherche. Es sind wesentlich der vorhandene formale Bildungsgrad und die jeweilige Berufstätigkeit, welche die Teilnahme am Internet bestimmen. Den 23% sog. leistungsorientierten Online-Nutzern stehen 21 % der sog. Jungen Wilden und 14 % der erlebnisorientierten Nutzer gegenüber(Paschen u.a. 2001, S.55). 86% der Online- Nutzer haben ein Studium absolviert, 79% verfügen zumindest über das Abitur, aber nur 7% haben einen Hauptschulabschluss (ebenda). Die Neuen Medien tragen also – entgegen einer These der egalitären Effekte – durchaus auch eine Tendenz der digitalen Spaltung in sich, die sich wiederum sozial verorten lässt (Kugemann/Ludwig 2003).

3. Die verstärkte häusliche Nutzung, die tägliche Nutzungszeit und die Verlagerung in die Abendstunden sprechen dafür, dass sich mit dem alltäglichen Gebrauch der Neuen Medien auch die Lebensstile ändern. Im Unterschied zum Fernsehen, bei dem sich ein bestimmter medienorientierter Tagesrhythmus herausbildete, verstärkt sich mit den Neuen Medien die Differenzierung der Lernzeiten und sozialen Einbindungen, Onlinenutzungen könnten insofern auch einen Individualisierungsschub mit sich bringen.

Die vorgenommene soziale Einordnung lässt erkennen, dass nicht nur die Medien Einfluss auf Lernen und Lebensführungen nehmen, sondern auch die Lebensführungen die Art und Weise der Nutzung bzw. Konstruktion der Lernorte beeinflussen.

In der weiteren Darstellung der Lernorte fehlen dem Leser jetzt sicher die Bildungsinstitutionen bzw. Bildungseinrichtungen in ihren vielfältigen Formen. Er sei auf das Kapitel Selbstorganisation und Organisation verwiesen. Wir betonen an dieser Stelle nur, dass die Vielfalt der Lernorte oder deren Dezentralisierung keinen Gegensatz zur Existenz von Bildungseinrichtungen darstellen, sondern diese in die Vielfalt einschließen. Zum anderen stellt die These von der Vielfalt oder Pluralisierung der Lernorte noch kein pädagogisches Paradigma des Lernens bereit, er- oder verschließt nur einen sich erweiternden Möglichkeitsraum des Lernens.

Die entscheidenden pädagogischen Fragen im Zusammenhang mit den Lernorten einer neuen Lernkultur erwachsen offensichtlich aus den Beziehungen der Subjekte zu den Lernorten. Diese Beziehungen entscheiden nicht nur darüber, ob ein Lernort an sich zu einem Lernort für sich wird, sondern auch darüber welche pädagogischen Konzepte aus dem Lernort erwachsen können. Damit sind zwei Fragen verbunden: nach der *Lernhaltigkeit der Tätigkeiten*, welche die Lernorte ermöglichen, und nach der *Lernförderlichkeit der Lernorte und deren Umgebungen*.

4.4. Lernhaltigkeit der Tätigkeit

Der Begriff „Lernhaltigkeit" einer Tätigkeit, eines Gegenstandes, einer Beziehung greift auf die einfache Vorstellung zurück, dass die Beziehungen des Individuums zu seiner Umwelt unterschiedliche Möglichkeiten des Lernens anbieten (Frieling u.a. 2001). Auch hierbei gilt, ein Gegenstand, eine Tätigkeit, ein Arbeitsplatz sind nicht a priori lernhaltig, sondern das Subjekt muss die im Objekt liegenden Möglichkeiten wahrnehmen, Möglichkeitsfelder erweitern, neue Möglichkeiten interessengeleitet konstruieren. Es war auch ein von mir geteilter naiver Standpunkt, dass es genüge, den Menschen in eine Tätigkeit zu versetzen und – in grober Missdeutung der Marxschen Feuerbachthese – , dass dann das Verändern der Umstände in der Tätigkeit mit dem Ändern der eigenen Tätigkeit und dem eigenen Selbst zusammenfiele. Es trifft weder zu, dass "Arbeit frei macht" noch dass „Arbeit die Freude von selbst kommen lasse". So sehr ich dem identitätsstiftenden Wert des Arbeitens nachhänge, so muss ich zugleich eingestehen, dass nicht jede Arbeit Lernen erfordert oder ermöglicht, und deshalb auch nicht jede Arbeit das Individuum reicher und vollkommener macht. Es genügt insofern nicht, das Individuum in eine Tätigkeit zu versetzen oder sie ihm anzubieten und darauf zu warten, dass dann schon der persönlichkeitsfördernde Effekt eintrete. Es ist nicht die Tätigkeit an sich, die persönlichkeitsfördernd oder gemeinschaftsbildend wirkt. Es ist oft sogar die monotone, repetive, eindimensionale Arbeitsorganisation einer tayloristischen Arbeit, die kreatives Arbeiten verhindert. Eine „borniete Praxis" kann die verändernde Aneignung regelrecht konterkarieren, wenn sie das Individuum in Beschäftigungen zum Objekt degradiert. Die gegenwärtigen Diskussionen um Zumutbarkeitsregelungen übersehen vielfach, dass es gerade die geringe Lernmöglichkeit oder die fehlende Lernhaltigkeit einer Arbeit sind, die Arbeit als Tätigkeit degradieren und zur Beschäftigung machen.

Die Tätigkeit selbst – und nicht nur ihre Bedingungen – trägt selbst sehr verschiedene Möglichkeiten des Lernens in sich, die sich im Verlaufe der ausgeübten Tätigkeit auch verändern. Das Subjekt tritt in die Tätigkeit anders ein, als es die Tätigkeit wieder verlässt, und die Tätigkeit ist am Ende der Verrichtung eine andere als zu Beginn. Das verweist wiederum darauf, das Erkenntnisinteresse nicht nur auf die Struktur der Tätigkeit, sondern auf den Prozess, den Verlauf der Tätigkeit und die sich darin verändernde Qualität zu richten und von dem agierenden Subjekt zu unterscheiden.

Als solche Qualitätsindikatoren der Tätigkeit werden in den Diskussionen (Baethge-Kinsky 2002, Volkholz/Köchling 2001) gefasst:
- die Kompetenzanforderungen der Tätigkeit,
- die Partizipation in und durch die Tätigkeit (Teilhabe an Zielbestimmung, Planung, der Konstituierung der sozialen Beziehungen, die mögliche und notwendige Reflexivität),
- die Autonomie in der Arbeitsverrichtung, die mit der zunehmenden Auflösung starrer fremdgesteuerter Tätigkeitsregulierung notwendig wird,
- die Perspektivität, die die Tätigkeit vermittelt (wiederholte Anwendbarkeit, Integration in die individuelle Lebensführung, identifizierbare Optionen, die sich öffnenden biographischen Konstruktionen),
- die Sozialität, die Tätigkeit möglich macht.

Ein Subjekt kann jedoch über eine Tätigkeit kein Möglichkeitsfeld des Lernens konstruieren, wenn es diese (z.B. durch einfache, monotone Arbeitstätigkeiten, durch begrenzende tayloristisch organisierte Arbeitsprozesse und Arbeitsaufgaben oder begrenzenden hierarchische Regularien) nicht hergibt. Ich betone deshalb – in der Entgegensetzung zu einem radikalen Konstruktivismus – , dass die Lernhaltigkeit sowohl aus den *Objekteigenschaften der Tätigkeit wie auch aus den Konstruktionsleistungen des Subjektes resultiert.* Das bedeutet aber auch, dass ein Individuum, dem es nicht ermöglicht wird, in kompetenzfordernden Tätigkeiten zu arbeiten , solche Kompetenzen auch nicht herausbilden kann. Die Tragik der gering qualifizierten Tätigkeiten ist weniger, dass in der Zeit der Tätigkeit keine Kompetenzen genutzt werden, sondern langfristig sich auch keine herausbilden. Der Verweis darauf, dass es am Individuum liege, was es aus einer Tätigkeit macht, die wenig Kompetenzforderung stellt, ist insofern zu hinterfragen, woher ein Individuum innovative Kompetenzen erwerben soll und welche Grenzen existieren, innerhalb denen die Tätigkeit verändert werden kann.

Einschränkungen ergeben sich u.a. aus der *Hierarchie der Arbeitsteilung und den daraus resultierenden Zuständigkeiten:* Es gehört zu den übereinstimmenden Einsichten der verschiedenen Lernauffassungen, dass die Lernhaltigkeit der

Arbeitstätigkeiten (z.B. gebündelt in den Arbeitsplatzprofilen) – in und außerhalb der Erwerbsarbeit – wesentlich die Lernmotivation und Lernintensität bestimmt (Bergmann 2001, Frieling u.a.2001). Frieling u.a. weisen zudem nach, dass nicht nur ein Zusammenhang zwischen der Lernhaltigkeit eines Arbeitsplatzes und dem Lerneffekt der Arbeitstätigkeiten besteht, sondern auch zwischen der Lernhaltigkeit der Arbeitsplätze und der Flexibilität der Unternehmen, deren Offensivität und Stabilität. Das tayloristische Prinzip der Aufgliederung in Teilarbeiten und deren Abarbeitung in stereotypen Bewegungsabläufen konnte bis zu einem historischen Zeitpunkt den Kompetenzerwerb vor allem in Anlernphasen fördern, in der jetzigen Arbeitsorganisation führt ein solcher Arbeitstypus vielfach zu monotonen Teilarbeiten, die Lernen nur noch bedingt oder nur in einer bestimmten Form des Einprägens von Handlungsroutinen fördern. Bei kurzgetakteten repetiven Arbeitsschritten erfolgt das Lernen der Handlungen nach relativ wenigen Lernzyklen und flacht dann ab. Der Grad der kognitiven Reaktion und der kommunikativen Verständigung über die Arbeitshandlungen ist relativ gering. Mit dem Übergang zu ganzheitlichen Formen der Arbeitsorganisation verändern sich auch die Anforderungen an den Umgang mit Informationskomplementaritäten, an die flexible Kooperation in wechselnden Teams und vor allem an die Fähigkeit zum eigenständigen, selbstgesteuerten Lernen.(Frieling u.a. 2001, S.110).

Die Gestalter moderner Arbeitsmärkte stehen insofern vor dem Problem, potentielle Arbeitnehmer nicht nur zu beschäftigen, sondern in lernhaltige Beschäftigungen zu bringen, die Kompetenzen nicht nur erhalten, sondern vielleicht auch erweitern.

Von den Autoren wird in diesem Zusammenhang auf die Hierarchie des Arbeitssystems und die damit verbundene Lernhaltigkeit aufmerksam gemacht. Die Hierarchie in den Teilarbeiten – von einfacher zu komplizierter, körperlicher zu geistiger, elementarer zu komplexerer Arbeit – bedingt auch Hierarchien der Lernhaltigkeit der Tätigkeiten und lässt insofern auch eine Stufung des Lernens und auch einen Kreislauf entstehen. Arbeitsplätze mit höherem Qualifikationsbedarf geben auch die Chance zu einem verstärkten informellen und im übrigen auch formellen Lernen, was wiederum den Inhaber eines solchen Arbeitsplatzes befähigt (und berechtigt), Arbeitsplätze mit erweiterter Qualifikation einzunehmen und somit seine Beschäftigungsfähigkeit zu erweitern. Zu einfacher Arbeit verdammt in alle Ewigkeit. Insofern bedarf es auch der Korrektur meiner eigenen Vorstellung, dass dieser Gesellschaft die Arbeit schon nicht ausgehe und sie reich an potentiellen Arbeitstätigkeiten sei. Ohne Zweifel ist der Reichtum an Arbeit in dieser Gesellschaft noch nicht ausgeschöpft, und sie wird auch immer wieder neue Arbeitsmöglichkeiten generieren. Entscheidend für die Subjektmöglichkeit des Individuums sind jedoch die Lernhaltigkeit und damit auch die individuelle Sinnhaftigkeit der Arbeiten. Eine Vielzahl von Arbeiten der Beschäftigungsprogramme des Arbeitsfördergesetzes stellt weder Lernansprüche noch löst sie Lernanreize aus. Sie sind Beschäftigungen, deren Sinnzusammenhänge für das Individuum verloren gegangen sind. Es wird sicher so sein, dass die mit der Entgrenzung der Arbeit einsetzende flexiblere Zeit- und Ortswahl, die wachsende Verfügung über Arbeitsmittel, die zunehmende Komplexität der Arbeitsverrichtung auch veränderte Lernmöglichkeiten hervorbringen und die Lernhaltigkeit der Arbeitstätigkeiten steigern, aber es besteht durchaus auch die Möglichkeit, dass nur eine Fülle von Beschäftigungen kreiert wird, die eine soziale Befriedigungsaktion auslösen sollen. Es entsteht in den gegenwärtigen Diskussionen der Eindruck, dass dieser Gesellschaft trotz geistvoller Einzelentwürfe von Beck (1999), Negt (2001), Sennett (1998) oder Kocka (2001) ein Gesamtkonzept der Arbeit in einer postmodernen Gesellschaft fehlt.

Es sei nachdrücklich betont, dass eine solche Merkmalszuschreibung der Lernhaltigkeit auch auf die Arbeiten im sozialen Umfeld zutrifft. Wir hatten schon auf einen Bereich verwiesen, der im sozialen Umfeld Tätigkeiten mit hoher Lernhaltigkeit, Lernzwängen und Lernmöglichkeiten auslöst, obwohl er sogar entgegen einer Lernintention entworfen worden ist: die Warenwelt. Die Warenwelt erscheint vom Produkt her lernhaltig, sie zwingt regelrecht dazu informell zu lernen, sich lernend des Produktes zu bemächtigen. Der Drang des Marktes, immer wieder neue oder veränderte Produkte zu kreieren, erzeugt auch ein reflektierendes Lernen. Mit dem Kauf erwirbt der Käufer auch den Anspruch und das Anrecht auf ein Lernen, das dann in hohem Maße selbstgewollt und selbstorganisiert ist. Das Motiv des Kaufens fällt mit dem Motiv des Lernens zusammen, ein Moralisieren darüber erscheint als wenig sinnvoll. Der Markt hat darauf schon reagiert und neue Lernorte hervorgebracht, wie z.B. Lernläden, Wissenschaftsläden, Computerläden, Lerninseln in Kaufhäusern und Kaufzentren, Innovationsstudios und Innovationsdemonstrations-Stationen, Lernservicestudios, Internetcafes, Sprachcafes usw. Die entgrenzenden Übergänge zwischen Arbeiten, Lernen, Spielen, Entspannen und Konsumieren sind offensichtlich.

Die Lernhaltigkeit einer entfremdeten Arbeit? Ich gestehe, dass ich bei der folgenden Relativierung einer uneingeschränkten Pluralisierung der Lernorte – insbesondere solcher mit produktiver Tätigkeiten –unsicher bin. Ich spreche von der *entfremdeten Arbeit und ihrer Lernhaltigkeit*. Inwieweit beeinflusst die Tatsache, dass die meisten Arbeitenden als Arbeitnehmer wirken, die von einem anderen – dem Eigentümer – abhängig sind, der auch das Produkt der Arbeit aneignet, die Lernhaltigkeit der jeweiligen Arbeitstätigkeit. Spontan würde man sagen, dass Tätigkeiten, lernhaltig sein können, unabhängig davon, ob sie entfremdet oder nicht entfremdet sind.

In der traditionellen Entfremdungstheorie wird die Vorstellung vertreten, dass das Produkt, der Arbeitsprozess und der Mitproduzierende dem Individuum fremd werden, da sich der Eigentümer der Produktionsmittel und -ressourcen die Ergebnisse der Arbeit und damit die menschliche Entäußerung aneignet und die fremde enteignende Macht vergrößert wird. Das voranstehend erwähnte Horrorszenario eines Start-up-Unternehmens, das den Arbeitenden vielfache Partizipationsmöglichkeiten einräumte, Eigentümer und Beschäftigte scheinbar sozialer

Gleichheit unterwarf und selbst Verteilungsprinzipien der transparenten und leistungsbedingten Gleichheit einräumte, würde sofort die unterschiedlichen Positionen von Eigentümer und Produzent erkennen lassen, wenn das Unternehmen verkauft werden sollte und die Produzenten aus dem Verkaufsprozess und -erlös ausgeschlossen sind. Trotzdem könnten sich auch in einem solcherart gestalteten Entfremdungsverhältnis Veränderungen ergeben: Das tayloristische Arbeitsmodell konnte vielleicht einem Arbeitnehmer noch einräumen, neben der Erwerbsarbeit desinteressiert und demotiviert zu sein. „Wenn er sich also zu dem Produkt seiner Arbeit, zu seiner vergegenständlichten Arbeit, als einem fremden, feindlichen, mächtigen, von ihm unabhängigen Gegenstand verhält, so verhält er sich zu ihm so, dass ein anderer, ihm fremder, feindlicher, mächtiger von ihm unabhängiger Mensch der Herr dieses Gegenstandes ist" (Marx 1977, S.519). Unter diesen Bedingungen konnte er sich "daher erst außer der Arbeit bei sich und in der Arbeit außer sich" fühlen (Marx 1977, S.514). Die Eigentümerverhältnisse haben sich trotz Anonymisierung und Globalisierung nicht gewandelt, aber das Verhältnis zwischen Produzent und Eigentümer könnte sich ändern, indem nicht nur die Arbeitskraft verkauft und angeeignet wird, sondern die ganze Person des „Arbeitnehmers" vermarktet und auf dem Markt realisiert wird. Die posttayloristische Arbeitsorganisation verlangt einen Arbeitnehmer, der der Wertschöpfungskette folgend, mit seiner ganzen Person innovativ denkt und kreativ handelt. Der Arbeitnehmer der Zukunft kann sich nicht mehr aus der nichtkreativen Rolle des Arbeitsnehmers herausnehmen und sich in ein kreatives privates Lebens zurückziehen. Die Teilung des Individuums hebt sich auf und im Extremfall fallen der Produzierende und der Ausbeutende im Sinne der Selbstausbeutung zusammen. Junge Existenzgründer, Start-up-Unternehmer, Auf- und Seiteneinsteiger mögen nur einen geringen Teil der Jugendlichen erfassen, bilden aber Prototypen dieser sich selbst entfremdenden Unternehmer. Die Entfremdung würde dann erst auf einem vieldimensionalen, intransparenten Markt stattfinden und so nicht mehr allein als entfremdete und die Lernhaltigkeit reduzierende Arbeit auftreten, sondern vor allem als *nichtbeherrschte Vergesellschaftung, die auch dem einzelnen, isoliert agierenden Eigentümer fremd gegenübersteht.* Die kapitalistische Wirtschaft produziert heute Armut und Reichtum gleichermaßen, sie befreit von knechtender Arbeit und führt in die Arbeitslosigkeit, sie beherrscht die Natur und sie zerstört sie zugleich, Rationalität und Irrationalität liegen eng nebeneinander. Die nichtbeherrschte Vergesellschaftung lässt sogar die Absurdität aufkommen, dass die Erwerbsarbeit, auch wenn sie nicht mehr ausgeübt wird und der Einzelne von dieser entfremdeten Arbeit befreit ist, er in dieser Zeit als Arbeitsloser wiederum der Entfremdung unterworfen ist.

Die zweite pädagogisch intendierte Frage nach den Beziehungen eines Subjektes zu den Lernorten, verwies auf die Lernförderlichkeit der Lernorte, d.h. der strukturellen und öko-sozialen Bedingungen in den Lernorten, die Lernen ermöglichen oder verhindern.

4.5. Lernförderlichkeit der Lernorte

Während die Frage nach der Lernhaltigkeit die Tätigkeit charakterisieren half, soll die Frage nach der Lernförderlichkeit der Lernorte die Bedingungen beschreiben helfen, unter denen die Tätigkeit geleistet wird. *Lernförderlichkeit der Lernorte* bezeichnet die spezifischen lernfördernden oder -hemmenden soziokulturellen Rahmenbedingungen der verschiedenen Lernorte, die der Entgrenzung oder Subjektivierung des Lernens entgegenstehen oder diese fördern. Wir greifen aus den Bedingungen der Lernförderlichkeit nur die regionalen infrastrukturellen und die soziostrukturellen Bedingungen heraus, im Zusammenhang mit den Beziehungen von Selbstorganisation und Organisation wird auf die institutionellen Strukturen der Lernorte eingegangen.

.Der Begriff *regionale Infrastrukturen* zielt in seinen Merkmalen auf den Zusammenhang der Infrastrukturen zum aktiven gestalterischen Handeln der Akteure. Ursprünglich in der Volkswirtschaftslehre beheimatet, ist der Begriff „Infrastruktur" in den Diskussionen zu Lernkulturen zu einem Schlüsselbegriff geworden. Die Übersetzung des englischsprachigen Ausdrucks „infrastructure" bietet mit „Grundausstattung", „Unterhalb-Struktur" oder „Unterbau" nicht nur eine angemessene Beschreibung an, sondern führt auch zur Intention des Begriffs hin. Der Grundgedanke, der mit Infrastruktur erfasst werden soll, bildet die *Ermöglichung*. Infrastrukturen *ermöglichen* ein bestimmtes Handeln, indem sie minimale oder optimale strukturelle Voraussetzungen konstituieren, eine Basis bilden, auf der sich Tätigkeiten entfalten können.

Die Ausdifferenzierungen der Gesellschaft in verschiedene Lebensbereiche haben dazu geführt, das sich jeweils auch spezifische Infrastrukturen einschließlich deren begriffliche Fassungen herausbildeten, die jeweils unterschiedliche Bedeutsamkeit für das Lernen besitzen. Als *ökonomische Infrastruktur* wird z.B. die Gesamtheit aller jener materiellen (Verkehrswege, Energieversorgung, Entsorgung) und immateriellen Voraussetzungen der organisierten Produktion von Sachgütern und Dienstleistungen (Qualifikation der Arbeitskräfte, soziale Dienste) verstanden. Es sei nur darin erinnert, was z.B. die Existenz einer entfalteten Verkehrsinfrastruktur für den Besuch von Ämtern, Einkaufseinrichtungen, Theaterveranstaltungen, Volkshochschulkursen oder intermediären Vermittlungen bedeutet. Der Begriff *soziale Infrastruktur* zielt auf die sozialen Beziehungen/Systeme und sozialen Bewegungen (sozio-kulturelles Klima, soziale Struktur, kulturell-politische Interessen), die als Ergebnis historischer Entwicklungen der ökonomischen Infrastruktur und auch langfristiger soziokultureller Investitionen entstanden sind. Sich z.B. einer Initiative anzuschließen, bedarf es vorerst der Existenz oder der Gründung einer solchen, im letzteren Falle müssen zumindest mehrere Gleichgesinnte in der Region wohnen. Für das Verwaltungshandeln wird als *administrative Infrastruktur* „die Gesamtheit aller durch Gebietskörperschaften des öffentlichen Rechts getragenen Einrichtungen der sog.Vorsorgeverwaltung" bezeichnet. Die gegenwärtige Konstituierung neuer Verteilungsverhältnisse auf dem Arbeitsmarkt begann so (un)sinnigerweise mit der

Schaffung administrativer Institutionen, den Personal-Service-Agenturen, ohne dass die Verteilungsmöglichkeiten überhaupt analysiert worden wären. Es trat in Ostdeutschland in einzelnen Regionen die Situation ein, dass administrative Strukturen geschaffen wurden (z.b. der Drogenberatung ohne Drogensüchtige), ohne dass ein entsprechender Bedarf existierte, was wiederum merkwürdige Legitimationszwänge dieser Strukturen auslöste. Der Begriff „regionale Infrastruktur" fasst die *Gesamtheit von Strukturen, die in einer Region funktional differenzierte Handlungssysteme ermöglicht* (Blotevogel 1996, Hartmann 1999, Matthiesen/Reutter 2003). Für die Herausbildung der regionalen Lernkulturen sind vor allem Strukturen relevant, die eine *reflexive Rationalität* insbesondere des strategischen und kontrollierenden Handelns ermöglichen. Eine solche Struktur bildet z.b. die Existenz einer regionalen Leitidee für das betreffende Gebiet, die für das einzelne Handeln eine Rückkopplung ermöglicht. Dabei ist nicht jede der Strukturen vorrangig auf die Förderung eines Lernhandelns gerichtet. Weiterbildungseinrichtungen sind es sicher stärker als Protestinitiativen und diese wiederum lernfördernder als Sozialämter. Gerade aber der zuletzt genannte Begriff des „Amtes" sollte bewusst machen helfen, dass z.b. die gegenwärtige sektorale Trennung der verschiedenen Amtbereiche lernhemmend sein kann und Arbeits- oder Sozialämter sich an den Gedanken gewöhnen sollten, auch Lernen zu steuern. Insofern könnte es Merkmal gegenwärtiger Entwicklungen von Lernkulturen sein, dass auch Institutionen lernfördernde Funktionen übernehmen können, die funktional bisher andere Lebensbereiche zu steuern oder zu organisieren hatten (z.B. Arbeitsämter). Bildungsinstitutionen stellen in diesen Lerninfrastrukturen nur ein Segment dar.

Lernfördernde Infrastrukturen können institutionalisiert sein, sich aber auch in informellen, nichtinstitutionellen Strukturen (Netze, Milieus) konstituieren oder sich in Übergängen etablieren. In diesen informellen Strukturen bilden sich auch Motivationen, Sensibilitäten für Lernen, Lernzwänge und Lernanreize heraus. Insofern können lernförderliche Infrastrukturen auch nur bedingt nachhaltig implementiert werden, sondern müssen sich herausbilden.
Die im Zusammenhang mit der Lernkulturforschung verfolgte These von den lernfördernden Infrastrukturen geht von einer Nähe und Integration von Arbeits-, Lern- und Lebensorten und von einem allgemeinen Begriff der Infrastruktur aus, wie er oben angeboten wird. Es geht darum, dass die Individuen, deren Leben und Arbeiten sich als Tätigkeiten in der Region vollziehen, auf Grundausstattungen und Rahmenbedingungen zurückgreifen können, damit sie diejenigen Kompetenzen entwickeln können, die sie für die Entfaltung ihrer Subjektivität in der Region benötigen (Weinberg 2001). *Eine Region ist dann lebenswert, wenn sie Lernen ermöglicht.* Insofern stellen regionale Infrastrukturen den Handlungsrahmen dar, der es den Akteuren erleichtert, sich verändernden Bedingungen lernend, kreativ und innovativ, vor allem aber flexibel und schnell anzupassen. Die Realisierung dieser Möglichkeiten unterliegt auch Milieu-, Gruppen- und personalen Zusammenhängen, wie im weiteren noch zu erörtern sein wird, aber

sie sind vor allem strukturell bedingt. Für die Entwicklung und Gestaltung solcher lernfördernder Strukturen tragen Öffentlichkeit und insbesondere der Staat eine nichtdelegierbare Verantwortung. Eine solche öffentliche Verantwortung müsste sich in Zukunft auf zwei Felder beziehen:
Wie werden lernförderliche Strukturen in den Regionen erhalten bzw. geschaffen, damit alle Individuen annähernd gleiche Bedingungen des Lernens vorfinden?
Wie können die Kompetenzen, die in diesen Lernorten erworben werden, anerkannt, bewertet und zertifiziert werden, damit der Arbeitende sie in seinem Streben nach einer kompetenzorientierten Eingliederung in den Arbeitsmarkt auch nutzen, seine Mobilität entfalten und der Arbeitgeber sie zweckmäßigerweise in seiner Personalpolitik einsetzen kann?
Die Frage nach der öffentlichen Verantwortung für die Herausbildung lernförderlicher Lernorte gewinnt vor allem in den Regionen an Bedeutung, die als „schrumpfend", "prekär", „zurückbleibend" charakterisiert werden und für die immer wieder Lösungen als „Modellregion" gesucht bzw. konstruiert werden. Relativ eindeutig sind dabei Antworten, die auf die notwendigen medizinischen Dienstleistungen, die Angebotsstrukturen für Konsumgüter, aber auch für elementare Dienstleistungen(von Friseur bis Dachdecker), für die Angebote von Betreuungen im Vorschulalter und der Elementarstufe oder auch für die Schaffung notwendiger Verkehrsanbindungen zu Nachbarregionen gelten. Die bisherige Aufzählung hinterlässt den bitteren Beigeschmack, dass man in solchen Regionen zwar überleben kann, vielleicht auch enge Naturbeziehungen oder Nachbarschaftsbindungen entwickeln, aber nur bedingt die eigene Individualität entfalten kann. Insofern bleibt auch in den bisherigen Diskussionen offen, welche Infrastrukturen für das Lernen in Regionen notwendig sind. Gehören die kommunale oder korporative Begegnungsstätte, die Gemeindebibliothek, das Gemeindehaus, die Sportvereine, die Freiwillige Feuerwehr, das Fitnesszentrum zu einer Mindestausstattung an lernförderlicher Infrastruktur? Benötigt eine Region eine Grundausstattung an Schulen bis zum Gymnasium? Undifferenzierte Antworten werden wenig hilfreich sein, aber zumindest die Analyse der Bedingungen, die Lernen ermöglichen, muss gegeben sein, bevor konstatiert wird, dass die Regionen sich eben unterscheiden werden. Auch die folgende Aussage ist vereinfachend, aber oft stirbt mit der Schule und der Gaststätte eines Dorfes auch das Dorf. So sehr nach dem Kriege in Ostdeutschland die Abschaffung der wenig gegliederten Landschule gewürdigt wurde, so könnte der Zeitpunkt heranreifen, wo sie vielleicht für ein Dorf wieder eine Alternative darstellt.
Unter den genannten lernförderlichen Strukturen – den ökonomischen, den sozialen und administrativen – besitzt die *sozio-kulturelle Strukturierung* von Lernorten eine alle anderen Funktionen beeinflussende Position. Mit der Vorstellung des veränderten Lernens – vor allem ihres selbstorganisatorischen Charakters – ist häufig das Missverständnis verbunden, dass diese Art des Lernens vorrangig oder ausschließlich einen individuell vollzogenen Prozess charakteri-

siere. Selbstverständlich ist jeder Lernprozess primär ein Veränderungsprozess individueller Dispositionen, Strukturen und Verhaltensweisen. Dieser individuelle Vorgang wird jedoch wesentlich durch die sozialen Beziehungen des Individuums zu den Personen seines Umfeldes bestimmt und vollzieht sich fast immer in einem unmittelbaren oder wenigstens mittelbaren sozio-kulturellen Kontext, wie z.b. die Vereinslandschaft, die Traditionsverbünde, die Fangemeinden, Freizeitclubs. Diese Strukturen entstehen durch die Aktivitäten der Menschen in den Regionen, und für ihr Entstehen und Funktionieren sind schwerlich Öffentlichkeit oder Staat verantwortlich zu machen. Es ist tatsächlich unbestreitbar, dass die Art und Weise, wie die Menschen in den Regionen ihre Beziehungen zueinander und zu ihrer Umwelt gestalten, wesentlich ihre eigene Sache sind. Indem sie sich ermuntern, unterstützen, Regeln (Gewohnheiten, Traditionen) des Zusammenlebens definieren, aber auch Zwänge, Normen, Verpflichtungen entstehen lassen, bilden sie auch eine bestimmte Kultur des Lebens und darin eingebettet des Lernens heraus. Das äußert sich in elementaren Tätigkeiten: Werden Zeitungen gelesen, werden welche abonniert, welche werden abonniert? Es ist z.b. bekannt, dass westdeutsche Verlage nach 1989 auf einen entwickelten Abonnentenstamm ostdeutscher Bürger zurückgreifen konnten. Welchen Anteil nehmen die Bürger an den Veränderungen in ihrer Gemeinde? Gehen sie wählen? Wen wählen sie? Inwieweit nutzen sie die Vereinsstrukturen? Nutzen sie diese, um Einfluss auf lokale Entscheidungen zu nehmen? Entstehen aus der Kommune heraus Initiativen? Pflegen sie Formen der Gemeinwesenarbeit? Bis heute erweist es sich als nachteilig, dass z.b. die ostdeutschen Kommunen nur über eine unterentwickelte Vereinslandschaft verfügen und Vereine erst in den letzten Jahren sich als agierende Bewegungen ihrer Region verstehen.
Gerade die Gemeinwesenarbeit ist ein Bereich differenzierter Bürgerarbeit und -beteiligung. Aus Dörfern – vielleicht als Ausdruck einer ländlich geprägten Kultur – ist noch heute bekannt, dass an den Wochenenden die Straße gefegt wird, die Häuser zu saisonalen Festtagen geschmückt werden, Hochzeiten gemeinsam gefeiert werden. Zu diesen Beziehungen zählen auch solche der Fest- und Feiertagskultur: Welche Traditionen werden gepflegt? Welchen Lebensbereichen gehören diese Traditionen an? (Kirche, Schule, kommunales Leben, Betriebe, Familie). Auch hier ist z.b. in ostdeutschen Regionen die rasche Wiederbelebung vielfacher Traditionen erstaunlich, wobei auch in den vergangenen Jahrzehnten die Kommunen Traditionen nachgingen, ohne dass sie immer die ihrigen gewesen wären. Schützenvereine, Schützenfeste, Absolvententreffen der Schulen, Konfirmationsjubiläen, Erntedankfeste, Dorffeste signalisieren ein Bedürfnis nach Zusammengehörigkeit, das weit über den Anlass hinausgeht.
In den Regionen bilden sich dabei in den vielfältigen informellen Beziehungen zwischen Personen auch *sozio-kulturelle Milieus* heraus, die partiell kollektives Handeln hervorbringen (Butzin 1996). Die regionalen Milieus sind historisch in den dominierenden Tätigkeitsbereichen der Region verwurzelt (Heimarbeiter, Industriearbeiter, Landarbeiter, Beamten, Bildungsbürgertum) und bringen spe-

zifische Reflexionsmuster von Lernnotwendigkeiten und -möglichkeiten hervor. Sie bewahren ihre prinzipielle ethnische und/oder soziale Stratifikation und erzeugen auch soziale Segregationen gegenüber anderen Bevölkerungsgruppen. Bekannt und relativ gut untersucht sind die Milieubeziehungen und gruppendynamischen Prozesse in Arbeitsgruppen oder Subkulturen z.b. der IT Szene mit eigenen Lernzwängen (Kleemann/Voß 1999). Die Lernförderlichkeit solcher Beziehungen kann direkt zum Indikator der Qualität der Gruppen werden. Die lernförderlichen Beziehungen realisieren sich dabei in einem komplexen Spannungsfeld von Konkurrenz und Solidarität, Abgrenzung und Identifikation, Gleichgültigkeit (Indolenz) und Bindung, Integration und Segregation. Insofern bedeutet ein Konzept des Lernens zu entwickeln, auch die vielfältige ethnische und soziale Strukturierung der Umwelt zu bedenken, die sich nicht in ihrer Institutionalisierung oder institutionellen Infrastrukturen erschöpft (Schäffter 1998, 2001).

Über die regionale Differenzierung der Lernförderlichkeit der Lernorte hinausgehend, verweist die soziale Dimension mit den Milieubindungen auch auf die soziale Differenzierung der Lernförderlichkeit der Lernorte. Nicht nur von theoretischem Interesse könnte es sein, inwieweit klassische Milieutheorien soziale Differenzierungen von Lernkulturen erklären und inwieweit herrschende Eliten ihren eigenen Nachwuchs – die „Salem"kinder – auch in spezifischen Lernkulturen sozialisieren, die sich deutlich von den Lernkulturen der Unterschichtkinder oder gar der Straßenkinder unterscheiden. Es charakterisiert z.b. elitäre Lernkulturen, dass sie Leistungsanspruch, Systematik des Lernens, strenge Curricula und Zertifizierungen anstreben und pflegen, und es bleibt eine Tragik der Reformbewegungen nach 1968, dass gerade die Unterschichten, denen erklärtermaßen der Zugang zu den höheren Bildungsstufen erschlossen werden sollte, dieser Zugang wiederum verwehrt wurde, indem Leistung und Freude, Anstrengung und Erlebnis, Forderung und Spaß entgegengesetzt und eine leistungsorientierte Lernkultur vernachlässigt wurde. Interessant ist es, dass aber auch die Oberschichten es nicht ohne soziale und auch ökonomische Zwänge schaffen, diese „ihre" Lernkultur weiterzugeben.

Es ist auch eine irrtümliche Annahme, das sich überall innovative Milieus herausbilden, wenn man nur genügend intermediäre Kommunikationsleistungen oder institutionelle Strukturen schafft. Es ist durchaus möglich, dass sich dauerhaft sklerotische Milieus hausgebildet haben, die sich jeder Veränderung entgegenstellen und den einzelnen durch Gruppenzwänge in die Retardierung einordnen. Selbst gemeinsame regionale Initiativen können durchaus konservativen Zielen folgen und einen Zustand festschreiben wollen. Aus der Ferne erscheinen oft Schützen- oder Karnevalsvereine in einem solchen Licht, die durchaus für die Verteilung auch von ökonomischer Macht in der Region von Bedeutung werden können

5. Vom formellen zum informellen Lernen – die Entgrenzung der Lernformen

Das Kapitel soll die Aufmerksamkeit des Lesers auf eine spezifische Klasse von Lernprozessen lenken, auf das informelle Lernen, das lange Zeit den Status einer Residualkategorie spielte, aber mit der Vorstellung der neuen Lernkultur eine zunehmende Beachtung findet. Es ist dabei von untergeordneter Bedeutung, das wir im Unterschied zu Erpenbeck, der das informelle Lernen durchaus begründet dem Lernort zuordnet, die verschiedenen Vollzugsweisen des Lernens in einer spezifischen Dimension der Lernformen zusammenfassen. Die Abweichung ist wieder der Kommunikationsökonomie geschuldet. Im Sprachgebrauch vieler Mitarbeiter im Kontext der ABWF hat sich durchgesetzt, das informelle, bzw. formelle oder beiläufige Lernen als Lernformen zu bezeichnen und diese wiederum als Moment des Lernprozesses zu sehen. Einer solchen Gewohnheit wird hier gefolgt.

Dem Leser ist an dieser Stelle noch einmal eine begriffliche Anstrengung zuzumuten, die sich auf die Lernformen bezieht, derer sich der Lernende bedient. Im Kontext einer neuen Lernkultur orientiert das Erkenntnisinteresse vor allem auf die Markierung einer bestimmten Klasse des Lernens, dass sich *nicht formal* vollzieht, d.h. nicht innerhalb spezifischer institutioneller Bildungsstrukturen und nicht mit Hilfe dafür gesondert ausgebildeter und beauftragter Personen. Es hat sich in der Geschichte menschlichen Lernens eingebürgert, mit Lernen die schulische Organisation des Lernens zu verbinden, bei der in dafür vorgesehenen Lebensabschnitten zu bestimmten Tageszeiten in dafür geschaffenen Räumen Individuen belehrt werden. Es ist ungewohnt, darunter auch ein Lernen zu verstehen, dass sich außerhalb dieser Strukturen vollzieht. Dabei stellt das nichtformelle Lernen einen der wesentlichen – vielleicht den entscheidenden – Lernprozess des Menschen als Individuum und Gattung dar. Lange bevor es Bildungsinstitutionen gab, lernten die Menschen, indem sie beobachteten, nachahmten, probierten, Erfahrungen austauschten, miteinander über ihre Tätigkeiten sprachen und Rituale und Belehrungen konstituierten und weitergaben, was u.a. auch die starke Orientierung auf das nonformelle Lernen in den Entwicklungsländern erklärt (Liebel 1994, Overwien u.a.1999, 2002). In der Neuordnung der Arbeits- und Wissensgesellschaft erscheint der Begriff „informal learning" offensichtlich als Verheißung und/oder Hoffnung, dass das Individuum nicht mehr der bildenden und zugleich bevormundenden Institutionen und der anleitenden und zugleich reglementierenden Pädagogen bedürfe. Livingstone vergleicht *die* Systeme der organisierten Schul- und Weiterbildung mit Schiffen, die in einem Ozean von informellen Lernen schwimmen und in die Gefahr geraten wie die Titanic in der Belanglosigkeit versinken "oder am Eisberg des informellen Lernens" zu zerschellen (Livingstone 1999, S.75).

Pädagogen, Psychologen, Bildungspolitikern und -theoretikern ist natürlich schon lange bekannt, dass sich ein Lernen auch außerhalb der Bildungsinstitutionen vollzieht. Eine Fülle anderer in die Kommunikation schon längst eingeführter Begriffe wie Erfahrungslernen, Lernen in der Sozialisation, indirektes Lernen, implizites Lernen versucht dieses Phänomen zu fassen. Tatsächlich steht das Thema „informelles Lernen" in einer langen internationalen und auch deutschen Denk- und Diskussionstradition: Peter Faulstich (1999) verweist z.b. auf Vorläufer wie die bürgerlichen Lesegesellschaften, die Arbeiterbildungsvereine als Vorläufer der heutigen Sozialdemokratie, auf die Selbstlernzentren der Volkshochschulen. In der beruflichen Aus- und Weiterbildung ist informelles Lernen im Sinne der Meister- Schüler-Lehre eine seit langem geübte Praxis und erfährt gegenwärtig in den Communities of practice (z.b. Experten-Novizen-Gemeinschaften) zur Explizierung und Generierung von Erfahrungswissen eine Aufwertung. Imitationslernen – wenn auch in der berufspädagogischen Diskussion abgelehnt – findet ständig im Alltag der Berufslehre statt, wobei ein solches Lernen von der Übernahme komplexer Handlungsmodelle bis hin zum nachahmenden Erlernen von Denk- und Verhaltensweisen reicht. Das entsprechende Prinzip, die Konstruktion einer „situierten Lernumgebung", findet sich auch in den Referendariaten oder Hospitationspraktiken der akademischen Ausbildung wieder.

Im UNESCO-Bericht über „Ziele und Zukunft unserer Erziehungsprogramme" findet informelles Lernen explizit eine programmatische Erwähnung, indem dieser feststellt: "Diese informellen, nicht institutionalisierten Formen des Lernens und der Lehrzeit herrschen in weiten Teilen der Welt bis heute und sind dort immer noch die einzige Art der Erziehung für Millionen von Menschen" (Faure 1973, S.53). Im Bericht der Delorskommission wird diese Perspektive wieder aufgegriffen und die brachliegenden Kompetenzpotentiale der Menschen betont, was in der Forderung gipfelt, formelle und informelle Lernmöglichkeiten durch und in einem integrativen Gesamtsystem zu verbinden. Dabei wird eine Abkehr vom wissensdominierten und eine Wende hin zum kompetenzorientierten Lernen gefordert, in dem die Rolle des Lehrenden neu zu formulieren sei (Delors 1997). In der Theoriediskussion findet sich eine lange angloamerikanische Tradition zum self-directed-learning (A.Tough, C.Rogers, M.Knowles, Heimstra/Brockett, H.B.Long), die durch kritische Stimmen z.B. aus Australien (Ph.Candy) oder England (St.Brookfield) ergänzt werden. Explizit leisten in Deutschland G.Straka (2000), J.Reischmann (1997) eine kritische Analyse des Verlaufs und der Ergebnisse der amerikanischen und B.Overwien (2002) der internationalen Diskussion zum self-directed learning. Eine der frühen Untersuchungen zum informellen Lernen im Arbeitszusammenhang stammt von Marsick und Watkins(1999), die vor dem Hintergrund des Human-Deveploment-Ansatzes das Verhältnis von Aktion und Reflexion erörtern und inzidentelle Lernprozesse in verschiedenen Klientelkulturen untersuchen. Kritiker dieser Untersuchungen (Garrick 1998, S.5ff) verweisen auf den primär wirtschaftswissen-

schaftlichen Zusammenhang dieser und ähnlicher Arbeiten und auf die Instrumentalisierung einer Lernform für die Wertsteigerung der Arbeitskraft. Die im Umkreis der Arbeitsgemeinschaft Weiterbildungsforschung am häufigsten zitierte Studie ist die von Livingstone aus dem kanadischen Forschungsnetzwerk "Neue Ansätze für lebensbegleitendes Lernen" (NALL), die auf einer empirischen Erhebung mit standardisiertem Fragebogen beruht und vor allem Fragestellungen anbietet (1999).
Die deutschen Diskussionen gehören sehr verschiedenen Diskurszirkeln an wie dem zum informellen Lernen in der Dritten Welt (Liebel, Overwien), den Diskursen der AG Weiterbildungsforschung (Erpenbeck, ‚Schäffter, Weinberg) oder dem DIE (Nuissl, Reutther) und den akademischen Zirkeln der Erwachsenen- oder Berufspädagogik. (Dehnbostel, Dohmen, Faulstich, Frieling, Mutz, Sauter, Staudt). Wenn Karcher und Overwien 1998 noch feststellten, dass in Deutschland das Konzept der informellen (und inzidentellen) Bildung lange Zeit die Rolle einer Restkategorie spielte, muss heute konstatiert werden, dass zumindest der Begriff „informelles Lernen" zu einem Symbol geworden ist, der für Modernität von Bildungspolitik und Bildungstheorie stehen soll.
Die wichtigsten Grundsätze sind hier (beim informellen Lernen), dass wir irgendwelche vorsätzlichen und kontinuierlichen Anstrengungen machen, um eine neue Form von Verständnis, Wissen oder Erfahrung zu erwerben, und dass diese Anstrengungen einen beträchtlichen Zeitaufwand erfordern. Das wichtigste Kriterium, das informelles Lernen von anderen Aktivitäten abgrenzt, ist, dass aus eigener Initiative eine neue signifikante Form von Wissen, Verständnis oder Erfahrung gewonnen wird, die lange genug bestehen bleibt, um retrospektiv wahrgenommen zu werden (Livingsstone 1999, S.35).
Folgende Situationen würden für ein informelles Lernen stehen:
Ein Gartenbesitzer lässt sich durch den Gartennachbarn die Technik des Bäume Verschneidens zeigen (Vormachen-Nachahmen),
eine junge Mutter fragt eine andere Frau nach der besten Art, das Kind zum Schlafen zu bringen (Beraten),
ein Student sucht im Internet nach einer Begriffsdefinition (Recherche),
der Autofahrer probiert die günstigste Sitzhaltung (Versuch und Irrtum),
ein Suchtkranker sucht das Gespräch in einer Therapiegruppe usw.
In all diesen Situationen ist sich der Akteur seines Lernens bewusst, er will Lernen, er nimmt sich Zeit für das Lernen, wobei er den Zeitpunkt und die Dauer selbst bestimmt, aber er benötigt dazu weder einer besonderen Institution noch professionalisierter Personen. Zugleich wird am letzten Beispiel die mögliche Grenzüberschreitung erkennbar. Der Besuch der Therapiegruppe kann durchaus wieder ein Baustein in einem Gesundungsprogramm sein, dass ärztlicherseits verordnet und systematisch geführt wird. Das Bäume verschneiden kann für den ratgebenden Nachbarn Teil seiner Profession als Gärtner sein, einen Beruf, den er auf formellen Wege erworben hat. Entscheidend für die Zuordnung ist die Akteurssicht des Lernenden.

Tab. 6 Bildungsabschluss, Weiterbildung und informelle Lernquote nach Berufsgruppen Kanada 1998 (Livingstone 1999, S.86) – Angaben in %, bei informellem Lernen in Stunden/Woche

Berufsgruppe	Hochschulabschluss	Kursteilnahme	Interesse an Kursen bei EAV1)	Informelles Lernen
Spitzenmanager	70	71	61	17
Mittst. Arb.geber	40	52	58	16
Selbständige	28	52	69	14
Leitende Angest.	52	72	62	13
Fachkräfte	76	76	69	15
Arbnehmer im DLS	12	54	74	17
Industriearbeiter	8	37	73	17
Arbeitslose	16	38	82	20
Gesamt	26	50	70	15

EAV= Einschätzung und Anerkennung der Vorkenntnisse, DLS Dienstleistungssektor

Die Tabelle lässt bei aller Exemplarität trotzdem folgendes erkennen: Höhere Positionen in der Berufsgruppe führen auch zu einem höheren Anteil an institutionell organisierten Weiterbildungsmaßnahmen, Industriearbeiter und Arbeitslose nehmen an dieser Form kaum teil. Eine dem Kurs vorangehende Beratung zur Einschätzung und Anerkennung der Vorkenntnisse erhöht in allen Berufsgruppen das Interesse und die Bereitschaft zu institutionellen Bildungsmaßnahmen. Das folgende Ergebnis ist überraschend: Das informelle Lernen (gemessen am Stundenanteil/Woche) verteilt sich über alle Berufsgruppen gleichermaßen, wobei offen bleibt, welches der Lerngegenstand ist. Es ist zu vermuten, dass das informelle Lernen in höheren Positionen stärker auf die Erwerbstätigkeit orientiert ist.

In bezug auf das informelle Lernen sei noch einmal vergegenwärtigt: Das Erkenntnisinteresse orientiert im Kontext Neue Lernkultur auf eine bestimmte Klasse von Lernprozessen,
- die einen Übergang vom bisherigen formalen, institutionalisierten und veranstalteten Lernen Erwachsener zum nichtinstitutionalisierten und selbstorganisierten Lernens fassen lässt,
- die das Individuum als sein Lernen selbstbestimmendes und -organisierendes Subjekt betrachtet;
- die auf Grund ihres reflektierten und reflektierenden Charakters auch Möglichkeiten der Gestaltung lernförderlicher Strukturen bietet.

Das gestattet uns im weiteren von folgender Begriffsbestimmung auszugehen: Der Terminus *formelles Lernen* bezeichnet eine Klasse von Lernprozessen, die institutionalisiert, curricular organisiert und wesentlich fremdgesteuert vollzogen wird. Der Terminus *informelles Lernen* bezeichnet eine Klasse von Lernprozessen, die durch das Subjekt als Lernen antizipiert, selbst organisiert und reflektiert wird, eine Eigenzeit und gerichtete Aufmerksamkeit erfordert, an Problemsituationen gebunden ist, aber nicht in eine Institution eingebunden ist oder vermittelnder Personen bedarf. Der Terminus *beiläufiges Lernen* (enpassant-Lernen) bezeichnet eine Klasse von Lernprozessen, die intentional nicht auf das Lernen orientiert ist, gleichzeitig zu einer anderen Tätigkeit (zu ihr beiläufig) verläuft und vorerst unreflektiert vollzogen wird. Informelles und beiläufiges Lernen bilden Formen des *nonformalen* Lernens.

Die nachfolgende Tabelle lässt erkennen, dass *informelles* Lernen eine Mittelstellung einnimmt zwischen dem *formellen* Lernen einerseits und dem nichtbewussten und nicht bewusst werdenden *beiläufigen* Lernen andererseits.

Tab.7 Formelles/formales – informelles – nonformelles/nonformales Lernen

Formelles Lernen	Nonformales Lernen	
	Informelles Lernen	Beiläufiges Lernen
Fremdorganisiert	zumeist selbstorganisiert	nichtorganisiert
Zielvorgabe allgemeine Antizipation des Lernens (curriculare Lernziele)	eigene Zielkonstruktion konkrete Zielantizipation des Lernens	nicht zielgerichtet die Veränderung als das antizipierte Resultat
eigenständige Strategien und Operationen	eigenständige und/oder abgehobene Strategien und Operationen	integrierte, als Nebenprodukt fungierende Strategien und Operationen
Eigenzeit	Eigenzeit	Gleichzeitigkeit
bewusst/reflektiert	bewusst/reflektiert	vorerst unreflektiert
fremdbestimmter Lernrhythmus	selbstbestimmter Lernrhythmus	sporadisch
problemunabhängig	problemorientiert	problemgebunden

Die Bezeichnungen informell und nonformell (oder nonformal) werden häufig synonym gebraucht. Dabei wird übersehen, dass in die Klasse des nonformalen Lernens auch die Form des beiläufigen Lernens fällt. In dem hier gewählten Begriffsverständnis belegt das beiläufige Lernen die Merkmale nichtreflektiert, nichtorganisiert und ohne Eigenzeit zu sein, das informelle Lernen schließt gerade diese Merkmale aus. Es wäre durchaus eine andere Bezeichnungswahl denkbar, wesentlich erscheint es, die spezifische Form eines Lernens abzuheben, die nichtinstitutionalisiert, aber trotzdem beabsichtigt und reflektiert erfolgt. In ähnlicher Weise könnte sich die Aufmerksamkeit darauf richten, die Produktivität des beiläufigen Lernens zu erschließen und die Lernhaltigkeit des Arbeitsprozesses zum Erkenntnisgegenstand zu machen. In der vorliegenden Darstel-

lung ist in Abgrenzung zum formellen Lernen die Bezeichnung nonformell als Oberbegriff für informelles *und* beiläufiges Lernen gewählt und das informelle noch einmal von dem nichtintendierten beiläufigen Lernen abgegrenzt.
Fragen entstehen auch immer wieder in bezug auf eine Zuordnung der Lernorte (Anm.6). Formelles Lernen wird dabei auf das Lernen in Einrichtungen/Institutionen, das informelle Lernen auf ein Lernen in der Arbeit und im sozialen Umfeld bezogen. Dem ist entgegenzuhalten, dass sich sowohl im Prozess der Arbeit wie auch im sozialen Umfeld formelles und informelles Lernen vollziehen kann und sich selbst in den Institutionen *auch* informelle und beiläufige Lernprozesse vollziehen (wie z.B. in den Diskussionen zum „heimlichen Lehrplan" thematisiert). Im Gebrauch sollte deshalb beachtet werden, dass es in der Realität des Lernens viele Übergangs- und Zwischenformen gibt. Eine interessante Lernform zwischen informellen und beiläufigen Lernen bildet z.B. das *Erfahrungslernen*, das Vorzüge beider Formen vereinigt. *Erfahrungslernen bezeichnet ein Lernen, das untrennbar mit der verändernden Tätigkeit verbunden ist und Bedingungs-Handlungs-Resultat-Zusammenhänge relativ ganzheitlich reflektiert und mit vorangegangenen Erfahrungen akkumulierend zusammenführt.* Es ist beiläufiges Lernen, da es tätigkeits- und subjektgebunden ist, aus den Problemsituationen der Tätigkeit heraus entsteht und durchgängig selbstorganisiert verläuft. Es ist zugleich aber auch mehr als das beiläufige Lernen, als es intendiert und reflektiert vollzogen wird und so zum informellen Lernen tendiert und auf der Stufe der bewussten individuellen oder gemeinschaftlichen Reflexion organisierten Charakter tragen kann. In das Erfahrungslernen gehen in der Regel bisherige Erfahrungen und auch theoretisches Vorwissen ein, das wiederum Resultat intentionalen formellen Lernens sein kann.
Die für dieses Kapitel gewählte Überschrift suggeriert, dass in Zukunft formelles Weiterlernen durch informelle Lernprozesse ersetzt werden könnte. Es sei deshalb auch an dieser Stelle noch einmal betont: Auch die Lernformen verschränken und ergänzen sich, die Ablösung der einen oder anderen Form erfolgt nicht primär im Rahmen eines neuen Paradigmas, sondern aus Zweckmäßigkeitserwägungen heraus. Dabei findet eine Doppelbewegung stattfindet: eine Entformalisierung bislang formalisierter Bildung und auch eine Formalisierung bisherigen informellen Lernens. Das vorliegende Material bekennt sich – dem öffentlichen Meinungsstrom entgegenstehend – zu einer Synthese von formellem und informellem Lernen, von organisierter und selbstorganisierter Aneignung, von institutionalisierter und autonomer Bildung und sucht gerade in den Übergängen, den Verbindungen und Widersprüchen das Spannungsfeld künftigen Lernens.
Die Vielschichtigkeit der sich verflechtenden und differenzierenden Prozesse lässt es nicht als befremdlich erscheinen, dass dieses Diskussionsfeld in der Zwischenzeit auch durch Ideologien der verschiedensten Colour besetzt wird und sich kulturpessimistische und/oder euphorische Verheißungsideologien ei-

nes neuen Lernens ausbreiten. Die Deutungsfelder sind besetzt, bevor der zu deutende Gegenstand bestimmt ist:
Die betonte Hervorhebung des informellen Lernens birgt tatsächlich ambivalente Entwicklungsmöglichkeiten:
1. Eine solche Orientierung verstärkt die Tendenz zur Individualisierung des Lernens. Lernsituation, Lernziel, Lernarrangement, Lernprozess werden ausschließlich vom individuellen Subjekt bestimmt, das weder der Zustimmung noch der Abstimmung mit anderen bedarf. Das Individuum ist tatsächlich Herr seines Lernens, was auch das Arbeitspapier der Bayrischen Wirtschaft so sieht, das fordert, „ein höheres Maß an Individualisierung im Bildungssystem zu ermöglichen und die Selbstbestimmung und -verantwortung für die eigene Bildungsbiografie zur Regel zu machen"(VBW, 7). Dieser Zuwachs an Autonomie über sein Lernen lässt jedoch die Resultate dieses Lernens nur bedingt bewert-, vergleich- und zertifizierbar werden. Das erklärte Ziel auch internationaler Förderprogramme war es aber gerade, die Mobilität dadurch zu erleichtern, dass Kompetenzen verglichen werden konnten.
2. Die Hervorhebung des informellen Lernens verstärkt die Diskussionen zur Deinstitutionalisierung. Wenn informelles Lernen die Hauptform des individuellen Lernens sein sollte, dann bedarf das Individuum nach einer Grundlagenbildung eigentlich nur noch der episodischen Lernbegleitung und -beratung. Es liegt der Verdacht nahe, dass mit der Forderung" nach Deregulierung des Bildungswesens, der Ersetzung der Bildungsaufsicht im obrigkeitsstaatlichen Sinne durch Managementmodelle und dem grundsätzlichen Verzicht auf Staatsprüfungen im Bildungsbereich (VBW 8) der Rückzug des Staates aus seiner Verantwortung für Bildungspolitik propagiert werden soll.
3. Eine ausschließliche oder sehr prononcierte Förderung des informellen Lernens öffnet Privatisierungs- und Kommerzialisierungsbestrebungen die Tür. Ausgangspunkt der Argumentationen des Bayrischen Papiers ist die Feststellung, dass Privatinitiativen in der Verantwortung des Einzelnen für seine Bildungsbiographie liegen (S.7) und in der Gesellschaft entsprechende Angebote entwickelt werden müssen. Dazu gehört die Erleichterung der Gründung von Privatschulen sowie die Umgestaltung von Hochschulen und Universitäten zu Bildungsunternehmen. Das wiederum geht einher mit der Forderung, dass der einzelne ökonomisch mehr für seine Bildung investieren müsse und die Finanzierung der individuellen Ausbildung sukzessive auf die Bildungsunterstützung von sozial schlechter Gestellten, aber Leistungsfähigen zu reduzieren sei.(s. S.7/8)

6. Von der Fremdsteuerung zur Selbstorganisation des Lernens. Die Entgrenzung des Lernprozesses

Das Kapitel besitzt für die Darstellung der Lernkulturen moderner Gesellschaften eine zentrale Funktion. Es bindet die sich verändernde Lernkultur an die Subjektivität des Individuums bzw. der Gruppe und die neue Qualität des sich verändernden Lernprozesses an das Merkmal der Selbstorganisation. Dabei bedient sich der Ansatz der Vorstellung von der Selbstorganisation, um den Veränderungsprozess selbst zu erklären. Die Veränderung der Lernkultur ist selbst Prozess und Resultat der Selbstorganisation. Unberechenbarkeit, Unvorhersagbarkeit oder Ungewissheit sind danach nicht Folgen individuellen oder kollektiven Versagens, sondern Merkmale von Realprozessen. Die Ausführungen bestehen allerdings auch darauf, dass das Individuum in seiner Selbstorganisation inmitten einer sich selbstorganisierenden Umwelt nicht allein gelassen werden kann, sondern einer hochentwickelten Organisation der Gesellschaft bedarf. Insofern wendet sich der Beitrag auch gegen naive Vorstellungen, das sich selbstorganisierende Individuum trage die alleine Verantwortung für diese seine Selbstorganisation, und der Staat bzw. die Öffentlichkeit könnten sich aus der Verantwortung zurückziehen.

Abb. 6 Mögliche Prozesscharakteristiken des Lernens

systematisch – spontan	einzel – gruppenorientiert
natürlich – konstruiert	inzidentell (Gelegenheits-) – geplant (planned)
lerner – lehrerzentralisiert	organisiert – nichtorganisiert
formell – informell-nonformell	implizit – explizit
← **Lernprozess** →	
unreflektiert – reflektiert	situativ – strategisch
bewusst – -unbewusst(enpassant), beiläufig, Erfahrungslernen)	intentional – extensional
fremd – -selbstbestimmt selbst – fremdgesteuert	autonom – angeleitet

Die Analyse der Lernkulturen unter der Perspektive des Lernortes führt auch zu vielfältigen Unterscheidungen des Lernens, die zum Gegenstand wissenschaftlicher Diskurse geworden sind und den Lernprozess auf unterschiedlich Weise charakterisieren (Kirchhöfer 2000). Vieler der folgenden Bezeichnungen werden synonym gebraucht, bei anderen handelt es sich in der Unterscheidung nur um feine Nuancen, die in unserem Kontext vernachlässigt werden können. Insofern folgt die Liste keinem sachlogischen Zusammenhang, sondern gruppiert nur um den Begriff des „Lernprozesses" verschiedene Charakteristika. Im weiteren greifen wir aus den verschiedenen Prozesskomponenten nur den der Selbststeuerung und der Selbstorganisation heraus und charakterisieren als ein Merkmal der neuen Lernkultur den Übergang von der Fremdsteuerung zur Selbstorganisation.

6.1. Das Paradigma der Selbstorganisation. Selbstorganisation als Systemeigenschaft

Die Entgrenzungen des Arbeitens war als sozialer Prozess definiert worden, in dem unter bestimmten historischen Bedingungen entstandene soziale Strukturen der regulierenden Begrenzung von sozialen Vorgängen ganz oder partiell erodieren bzw. bewusst aufgelöst werden. Vor dem Hintergrund zunehmender Komplexität betrieblicher und gesellschaftlicher Problemlagen entsteht nicht nur eine hochgradige Veränderungsdynamik, sondern die Veränderungen werden immer schneller und unberechenbarer, sie erzeugen nichtvoraussagbare innere Systemzustände und verhalten sich nichtvoraussagbar schöpferisch. Zwar ist das Verhalten der einzelnen Systemelemente durchaus determiniert, in ihrer Gesamtheit aber erzeugt ihr Verhalten ein deterministisches Chaos (Erpenbeck 2004, 4). Die Anfangs- und Randbedingungen streuen, der Zielzustand ist weder berechenbar, voraussagbar oder vorgebbar, die ablaufenden Prozesse sind nur in ihrer allgemeinen Tendenz beschreibbar. Es entstehen struktur- und grenzfreie Räume, die durch das Individuum/die Gruppe nunmehr durch eigene Strukturierungsleistungen auszufüllen sind. Dieser Zustand hat nichts mit temporärem Nichtwissen oder praktischer Unzulänglichkeit unseres Erkenntnisvermögens zu tun, sondern stellt eine fundamentale Unbestimmtheit (d.h. eine objektive Systemeigenschaft) dar, die wir nicht überschreiten können (Peitgen u.a. 1994). Es spricht manches dafür, dass die kapitalistische Wirtschaft diese Unbestimmtheit heraufbeschwört. Die Ordnungszustände, die heute kapitalistische Wirtschaft erzeugt, sind fragil, unüberschaubar, schwer begreifbar und von keiner Instanz zu regulieren. Nichts liegt dem Produkt einer Herrschaft der Vernunft ferner als eine ökonomische Wirklichkeit (Siferle, BZ 5.7.2000). Die Ordnungen der Ökonomie sind Ausdruck der ohnmächtigen Macht chaotischer Prozesse. Der Kapitalismus gilt als übermächtiger Ordnungszusammenhang und zugleich aber auch als die Große Unordnung (Brecht), die eigentlich durch eine Herrschaft der Vernunft überwunden werden sollte, die eine Herrschaft der Vernünftigen hätte sein müssen.

Die Intention des Begriffs „Selbstorganisation" fasst vor allem die Autopoiesis des Lernprozesses, die eigenen Elemente fortlaufend zu reproduzieren und so ein fortwährendes Erzeugen neuer Konstellationen der Elemente zu erzeugen. Es charakterisiert die Fähigkeit materieller und sozialer Systeme aus sich heraus, aus der Wechselwirkung der Elemente des Systems Entwicklungen von Strukturen hervorzubringen. In der fundamentalen Unbestimmtheit – in naturwissenschaftlichen Chaostheorien beschrieben – entstehen Strukturen, bei denen man nicht voraussagen kann, welche es sein werden. Aber es wird möglich werden, deren selbstorganisierte Herausbildung besser zu verstehen. *Der Prozess verläuft selbstorganisatorisch im Sinne einer dem Prozess innewohnenden Dynamik, die aus den Wechselwirkungen der Elemente dieses Prozesses resultiert, und die im System wechselnde Ordnungen entstehen lässt..* Von besonderem Interesse sind dabei die Übergänge von einem Zustand in einen anderen und deren allgemeine Charakteristik. Damit lässt sich Entwicklung – auch die lebenslange Entwicklung des Lernenden und des Lernens – als Kette von Prozessen der Selbstorganisation betrachten (Erpenbeck 2004, S.4).

Noch gibt es keine allgemeine Theorie der Selbstorganisation (Krohn/Küppers/Paslack 1992, S.451), oder sie ist mir nicht bekannt, und es ist sicher auch North und Friedrich (2004) zuzustimmen, dass Analogien, die eine Selbstorganisationsforschung humaner Systeme im Vergleich zu biologischen oder naturwissenschaftlichen Modellen zu ziehen suchten, versagt haben. Trotzdem könnte es für die Sinnerschließung des Begriffs „Selbstorganisation" aufschlussreich sein, sich die in den Natur- und neuerdings auch Sozialwissenschaften abgehobenen Merkmalsräume der Selbstorganisationsbegriffe zu vergegenwärtigen:

Moderne Konzepte der Selbstorganisation werden u.a. angeboten in neurobiologischen oder biologischen Theorien. Maturana und Varela untersuchen z.B. den Begriff der Selbstorganisation an den Beispielen der Zelle oder am Zentralen Nervensystem.

In der optischen Physik (Haken) wird Selbstorganisation am Beispiel des Lasers expliziert, der sich von ungeordneten zu geordneten, in gleicher Richtung und Frequenz schwingenden Lichtwellen verändert. Bei Prigogine in der Chemie wird Selbstorganisation am Beispiel periodischer Farbumschläge in chemischen Flüssigkeiten beschrieben, die sich auflösen und wieder zusammensetzen, was Prigogine dazu führt, von Ordnung durch Fluktuation im Unterschied zum thermischen Gleichgewicht zu sprechen. Der Meteorologe Lorenz untersucht in Chaostheorien Selbstorganisation an Ketten positiver Rückkopplung, bei denen aus Einzelereignissen weltumspannende Erscheinungen des Wetters entstehen.

Seit den 80er Jahren suchen Sozialwissenschaftler wie Luhmann oder Lenzen naturwissenschaftliche Ansätze auf die Sozialwissenschaften anzuwenden. Luhmann (1991) entwickelt mit der Autopoiesisvorstellung eine allgemeine Theorie sozialer Systeme, die allgemeine Akzeptanz findet. In der Sozialpsychologie dient der Begriff der Selbstorganisation zur Beschreibung und Erklärung des Verhaltens kleinerer Gruppen, im Rahmen der systemischen Familientherapie wird nach dem Entstehen von Interaktionsmustern gefragt, eine Entwick-

lung, die in Theorien der Organisationsentwicklung aufgegriffen wird (Baitsch 1996).
So unterschiedlich die Theorien auch sein mögen, so finden sich doch Aussagen, die das Verständnis der Selbstorganisation des Lernens und einer entsprechenden Lernkultur stützen können:

1. Die Schlüsselfrage der Selbstorganisation ist die nach dem Entstehen und der Aufrechterhaltung und Ausdifferenzierung von Ordnung, die wiederum Ordner der Selbstorganisation bedürfen, zu denen vor allem Werte zählen. Ein besonderes Erkenntnisinteresse ist auf die Gleichgewichtssicherung gerichtet, mit der von außen kommende Störungen oder Einflüsse, die als Störung wirken könnten, aufgefangen und ausgeglichen werden. Homöostase wird als eine spezielle Erscheinung von Ordnung, z.B. in autopoietischen Systemen, aufgefasst. Es zeichnet sich dabei in Organisationen ab, dass die einen ihre Binnenstabilität trotz unterschiedlicher und sich wandelnder Einwirkungen aufrechterhalten wollen (z.B. bürokratische Arbeitsverwaltungen, d.h. ihre Lernfähigkeit darauf richten, sich abzuschotten oder abzugrenzen), andere wiederum die Ordnung und die Funktionsfähigkeit aufrecht zu erhalten suchen, indem sie das innere Organisationssystem unter sich verändernden Verhältnissen ändern, d.h. eine hohe Lernintensität aufweisen. Es sei schon hier angedeutet, dass auch die Sicherung des Gleichgewichtszustandes des Individuums über weite Strecken selbstorganisatorisch verläuft.

2. Die Ordnung ist kein stabiler Systemzustand, sondern wird durch die Bewegung/Fluktuation erzeugt, die durch die Wechselwirkung aller oder vieler Systemelemente hervorgerufen wird. Sowohl Wirkungen wie auch Rückwirkungen sind auch beim Individuum nur bedingt der rationalen Reflexion zugängig und nur zum Teil voraussagbar oder berechenbar.

3. Die Bewegung der sich selbst organisierenden Phänomene hat keinen Zielzustand, die Bewegungsrichtung und der nachfolgende Zustand ergeben sich erst aus dem Prozess selbst, der Prozess erzeugt die Entwicklungsmöglichkeit des Systems, dass Produkt ihres Funktionierens ist das jeweilige System selbst (Maturana 1985, S.163). Zumindest für autopoietische Systeme sind damit teleologische oder teleonomische Setzungen obsolet.

4. Der Mensch kann diese Prozesse beobachten, Regelmäßigkeiten beschreiben, hat aber nur bedingt Möglichkeiten mit expertokratischen Interventionen die Bewegungen zu beeinflussen, wissend, dass jeder Eingriff unvorhersehbare Reaktionen eines selbstorganisatorischen Gesamtgeschehen auslösen kann, dass dann nicht mehr beherrschbar ist. Die Diskussionen um die Genmanipulationen pflanzlicher Produkte und deren offene Entwicklungsmöglichkeiten veranschaulicht diese Situation. Die Möglichkeit des Subjektes, Prozesse in einem gewünschten Sinne hervorzubringen, besteht nur darin, Bedingungen zu schaffen, damit gewünschte Reaktionen *ermöglicht* werden. Ob sie eintreten, ist dem Selbstorganisationsgeschehen unterworfen. Es sei nur angedeutet, dass eine konsequente Auffassung der Selbstorganisation durchaus einer materialistischen

Vorstellung nahe kommt, dass die materielle Welt – die Materie – sich außerhalb und unabhängig vom subjektiven Wollen und Wünschen des Menschen vollzieht, auch wenn sie durch sein subjektives Wirken hervorgebracht wurde.

6.2. Selbstorganisation als subjektive Handlungsweise

Während im vorangegangenen Abschnitt die Selbstorganisation als objektive Systemeigenschaft bestimmt wurde, suchen die folgenden Darlegungen die Selbstorganisation als Handlungsweise des Individuums darzustellen. Das Individuum bedarf in seiner subjektiven Handlungsweise der Selbstorganisation, um in der Situation der Unbestimmtheit einer Risikogesellschaft Orientierung und Gleichgewicht zu finden. *Der Prozess des Lernens ist in diesem Zusammenhang selbstorganisatorisch, als er durch das jeweilige Subjekt bestimmt, gesteuert, organisiert wird.* Der Begriff wird hier vorerst gebildet, um selbstorganisatorische Vorgänge von fremdorganisierten oder fremdgesteuerten Prozessen abzugrenzen. Die Intention des Begriffs besteht in der Polarität von Fremd- und Selbstorganisation in den Beziehungen des Individuums zu seinem Lernen. Die starke Betonung der Entgrenzung im Sinne der Erosion fremdgesteuerter und fremdbestimmter Vorgaben und die Betonung des subjektiven Autonomiegewinns durch Selbstorganisation legt eine solche Bestimmung nahe, und tatsächlich gebrauchen wir relativ häufig den Begriff „Selbstorganisation" auch in diesem Sinne, der einzelne organisiert sein Lernen *selbst*.

Fremd- und Selbststeuerung, Fremd- und Selbstorganisation. Im Zusammenhang mit der Selbstorganisation als subjektiver Handlungsweise gewinnt die Unterscheidung von *Organisation und Steuerung* an Bedeutung. Der Begriff der *Steuerung* drückt den Sinn der Bewegung auf ein festgelegtes Ziel hin aus (Erpenbeck 1997, S.130) und fragt nach dem Subjekt der Steuerung (Weinert 1982). *Gesteuert ist ein Lernen dann, wenn Lernziele, Operationen/Strategien oder Kontrollprozesse und deren Offenheit von außen oder vom lernenden System vorgegeben werden.* In einem solchen Sinne des „auf ein Ziel lenken/steuern" verstand auch Theodor Litt den pädagogischen Begriff „Führen". Insofern ist fremd- und selbstgesteuertes Lernen positionales Lernen (Erpenbeck 2003, S.18). Selbstgesteuert ist ein Lernen dann, wenn die Operationen/Strategien, Kontrollprozesse und der Offenheitsgrad vom Subjekt auf ein Ziel hin selbst bestimmt werden. In einzelnen Bereichen wird selbstgesteuert auch weiter gefasst und schließt die Setzung der Lernziele ein, im Unterschied zum „fremdgesteuerten Lernen", in dem die oben genannten Elemente des Lernens durch ein fremdes Subjekt gesetzt werden. Wesentlicher Inhalt der Bewegung zu einer neuen Lernkultur ist es, Übergänge zum selbstgesteuerten Lernen zu fördern.

Im Unterschied zur Steuerung ist das Erkenntnisinteresse bei der Begriffsbestimmung *„Organisation"* vor allem darauf gerichtet, einen Begriff zu bilden, der die *Offenheit der künftigen Handlungsmöglichkeiten* ausdrückt, das Subjekt steht vor einer Vielzahl vorab nicht festgelegter Handlungsmöglichkeiten, folglich sind auch die Ziele, die Handlungsstrategien und die Kontrollprozesse nicht festgelegt. Die Organisation fragt nach der inneren Disposition des Systems, welche die Handlungsmöglichkeiten und die Übergänge erst hervorbringt. Das Interesse an „Organisation" steht vor allem in unmittelbarem Zusammenhang mit dem Interesse am Begriff „Selbstorganisation". *Selbstorganisiert ist ein Lernen also dann, wenn die Lernmöglichkeiten vom lernenden System selbst hervorgebracht, gesetzt und bewältigt werden, so dass sich dabei die Systemdispositionen erweitern und vertiefen, was wiederum die Erweiterung auch der Handlungsmöglichkeiten hervorbringt und einen fortwährenden Erneuerungsprozess auslöst.* Das Individuum muss sich der einzelnen Prozesse nicht bewusst sein. Der in diesem Prozess erfolgte Ordnungsgewinn ist zugleich mit der Auflösung/Erosion von Ordnungen verbunden. *Fremdorganisiert* ist ein Lernen, wenn die Handlungsmöglichkeiten von außen gesetzt werden. Insofern baut fremdorganisiertes Lernen immer auf die Selbstorganisationsfähigkeit bzw. -disposition des lernenden System. Schon an dieser Stelle sei hervorgehoben, dass aber auch selbstorganisiertes Lernen ein organisiertes Lernen ist, dass sich bestimmter äußerer Rahmenbedingungen versichern muss.

Die Phänomene der Ordnung/Unordnung oder der Ordnungszunahme/-verringerung in den Systemdispositionen sind jedoch nicht einfach ein Resultat der gestaltenden und lenkenden Kräfte des Subjektes, sondern Resultat der Wechselwirkung der Systemelemente, die den Selbstorganisationsprozess „selbst" hervorbringen und in die Interventionen des Subjektes eingehen. Selbstorganisation des Lernens trägt insofern Elemente des Spontanen, ist aber damit nicht gleichzusetzen. Offensichtlich trifft die oben vorgenommene Charakteristik der Selbstorganisation als Systemeigenschaft auch auf das Handlungssystem des Lernens zu, was die gerade getroffene Unterscheidung wieder relativieren lässt.

6.3. Elemente der Selbstorganisation im Lernen

Es ist für den Leser schon wieder fast eine Zumutung zu erklären, dass Lernen immer ein Moment der Selbstorganisation in sich trägt. Lernen ist, auch wenn es sich um kollektive Akteure wie Organisationen oder Unternehmen handelt, ein subjektiver Aneignungsprozess, in dem der Akteur seinen ihm zugehörigen Zustand verändert. Der Akteur eignet sich im Lernen eine Gegebenheit an, indem er sie sich zu eigen macht, d.h. für sich gebraucht oder zu gebrauchen beginnt. Er bestimmt das Tempo seines Lernens, die Intensität der Aneignung, er aktiviert seine inneren Ressourcen oder lässt sie unbeachtet, er bezieht andere in sein Lernen ein – die Fülle der selbstorganisatorischen Momente im Sinne durch das Subjekt vollzogen – sind vielfältig, und tatsächlich geht es in realen organisationalen oder individuellen Lernprozessen immer um Anteile sowohl von fremdgesteuertem bzw. fremdorganisiertem wie auch von selbstgesteuertem und selbstorganisiertem Lernen. Die Frage kann danach nur noch lauten, welche neuen Momente treten hinzu, was unterscheidet ein entgrenztes von einem traditionellen selbstorganisiertem Lernen.

Das selbstorganisatorische Moment der Lernsituation/der Lernanlass. Das traditionelle Lernverständnis konnte davon ausgehen, dass die Lernsituation und der Lernanlass vorgegeben, in Plänen, Übereinkommen, Verträgen auch durch die Lehrpersonen oder dem Lernenden selbst festgelegt und vorbestimmt waren. Das Lernen trug ein stark antizipatorisches Moment, man wusste im Voraus, was man lernen wollte oder musste und wann sich ein solches Lernen zu vollziehen und auch wann es abgeschlossen zu sein hatte. Das heutige sich selbstorganisatorisch entwickelnde Lernen und seine Umwelten erzeugen ständig neue, unerwartete Lernsituationen, die der individuelle oder kollektive Akteur aufgreifen kann oder muss, wenn er die Lernchance und vor allem die *rechtzeitige* Verwertung des Gelernten nicht verstreichen lassen will. *Nicht der Zeitverbrauch des Lernens ist entscheidend, sondern der Zeitpunkt, an oder zu dem ich lerne und das Gelernte einsetze.* Schon an dieser Stelle muss wieder angemerkt werden, dass eine Situation nicht a priori eine Lernsituation ist. Lernsituation zu werden ist eine subjektive Konstruktion, die Zwecksetzungen unterliegt. Für den einen Akteur kann eine Situation höchst brisante Möglichkeiten des Lernens enthalten, die der andere überhaupt nicht wahrnimmt. Insofern ist in dem Gedanken, dass schon die Lernsituation eine Konstruktion ist, auch ein Moment des Selbstorganisatorischen enthalten, in das die Deutung des Kontextes und die existierenden Intentionen des Subjektes eingehen. Gegen eine solche Feststellung zunehmender *Situativität des Lernens* kann sofort der Einwand erhoben werden, dass auch in der Vergangenheit die Akteure auf Situationen – die sog. Problemsituationen – stießen, in denen sie lernen mussten, wenn der Prozess weiter oder zu Ende geführt werden sollte. Es war eben auch für dieses Lernen charakteristisch, dass ein solches Lernen vor allem dann auftrat, wenn der reale Bearbeitungsprozess von der vorgegebenen Bearbeitungsrichtlinie/-vorschrift abwich oder sich Irritationen einstellten. Das heutige Lernen bewegt sich nicht mehr nur nach Vorschriften oder Algorithmen, sondern muss sich in einem sich ständig verändernden Raum auf neue Lernsituationen einstellen, sensibel Lernmöglichkeiten nicht nur aufnehmen, sondern regelrecht *erkunden oder gestalten*. Eine solche Feststellung schließt wieder ein, dass der Akteur bewusst Gesamt- oder übergreifende Situationen sucht, die möglicherweise Zugang zum Lernen eröffnen.

Damit ist ein weiteres Merkmal selbstorganisatorischen Lernens – das selbstorganisatorische Moment der Zielbestimmung – angedeutet. Traditionelles Lernen ging weitgehend von fremd- oder selbstbestimmten Zielen aus, wobei die Initiative, die Entscheidungen häufig stärker auf die effektive Ausführung und weniger auf die Zielbestimmung gerichtet waren. Der Prozess der Selbstorganisation entsprach stärker dem der Selbst- oder Fremdsteuerung, und es schien schon ein Erfolg reformpädagogischen Bemühens, das Moment der Fremdsteuerung zurückgedrängt zu haben. Heutiges Lernen ist von der biographischen oder alltäglichen Lebensgestaltung her nach wie vor zwar zielorientiert, aber weitgehend selbstgesteuert. Das Individuum bestimmt die Ziele, die Niveaustufen, die Inhalte seines Lernens selbst. Es bestimmt, ob und wann es einen Sprachkurs in einem Gastland belegt, es entscheidet über Inhalte seiner Weiterbildung, die Aufnahme von Zusatzstudien, und das Individuum entscheidet auch, inwieweit es als Einwanderer die deutsche Sprache erlernt, welche Bücher oder Zeitschriften es liest, welche Filme oder Theaterstücke es sieht. Selbst auf der Stufe der Elementarbildung bilden die Schulwahlentscheidungen in einem dreigliedrigen Schulsystem lebensbedeutsame Zielsetzungen, die durch die Individuen selbst bewältigt werden müssen. Alle nachfolgenden Entscheidungen über Lernkarrieren, Lernschritte, Lernwege sind Teil seiner individuellen biographischen Lebensorganisation. Wir lassen an dieser Stelle die sofort auftauchenden Einwände in bezug auf existierende Schulempfehlungen, finanzielle Möglichkeiten der Eltern, regionale Gegebenheiten oder die dramatische demographische Situation in Ostdeutschland außer acht, und gehen von einem wachsenden subjektiven Moment in den Zielentscheidungen aus. Die selbstorganisatorische Perspektive geht aber über das bisher genannte Moment der selbständigen Zielentscheidungen hinaus, die letztlich nur ein Moment wachsender individueller Autonomie und Selbststeuerung sind, denn *selbstorganisatorisch entwickelt sich das Zielfeld selbst*. Das Feld der Möglichkeiten, zwischen denen dann entschieden werden kann, ist in Bewegung, bringt ständig neue Möglichkeiten hervor, verändert die Bewertungen der Varianten und deren Perspektiven. Das Zielfeld ist kein stabiler Systemzustand, dem das Individuum gegenüberstünde und das es nur wahrzunehmen brauchte. Diese Bewegung oder Fluktuation (Prigogine) im Zielfeld ist nicht nur Ergebnis des „Waltens fremder unergründlicher Mächte", sondern sie ist auch Ergebnis der individuellen Aktionen und der sich dabei herausbildenden neuen Beziehungen und Zusammenhänge, die durchaus auch wieder unergründlich sein können. Das führt wiederum dazu, dass die auch schon getroffene Zielentscheidung eigentlich immer wieder in Frage gestellt ist, erneuter Reflexion und Bestätigung oder Korrektur bedarf. Die gerade erst getroffene Entscheidung für eine Weiterbildung im Berufsfeld wird in dem Moment hinfällig, wenn die Berufsausübung in Gefahr gerät, und sie wird vielleicht gerade deshalb dringlicher, um einen Neueinstieg in einem anderen Berufsfeld zu erreichen. Dem Einwurf, dass eine solche Perspektive einen unendlichen Relativismus hervorbringe, kann entgegengehalten werden, dass dieser Relativismus in der „fundamentalen Unbestimmtheit" eine reale Existenz hat. Reflektierende Individuen werden sich bei jeder Tätigkeit immer wieder des Zieles, seiner Angemessenheit und Erfüllbarkeit vergewissern müssen. Die *Selbstvergewisserung* könnte regelrecht als anthropologisches Moment menschlichen Daseins in einer Zeit wachsender Ungewissheit angesehen werden. Die Notwendigkeit, einmal getroffene Zielsetzungen auch beizubehalten, soll nicht bestritten werden, aber das Problem, das sich aus der Perspektive der Selbstorganisation im Lernen stellt, ist die Einstellung auf die Bewegung des Zielfeldes und die Notwendigkeit, Zielstellungen *reflexiv* zu prüfen.

Relativ unbestritten dürfte das Moment des Selbstorganisatorischen in bezug auf die *Konstruktion des Lernarrangements* sein, wobei als *Lernarrangement im weiteren selbst- oder fremdkonstruierte Konstellationen von sozialen oder materiellen Bedingungen bezeichnet werden sollen, von denen Lernprozesse in einer Situation beeinflusst werden.*. Mit der Zielentscheidung trifft der Akteur auch die Entscheidungen über die wahrscheinlich effektivste Konstellation und Konstruktion des Lernprozesses. Dazu gehören das zeitliche, mediale, soziale Arrangement, in dessen Konstruktionsgefüge sich das Lernen vollzieht. Der bisherigen Unterscheidung von Steuerung und Organisation folgend, trägt mit der Zielentscheidung auch die Konstruktion des Lernarrangements Züge der Selbststeuerung.

Das selbstbestimmte oder -steuernde Moment des zu konstruierenden Lernarrangements war auch in den traditionellen Lernformen relativ hoch, und es ist wesentliches Verdienst reformerischer Bewegungen gewesen, den Einfluss von Selbsttätigkeit und Selbstbestimmung des Lernenden auf die Lernarrangements zu stärken. Man hat sich bisher der Mühe noch nicht unterzogen, aber für jede Lernkultur können charakteristische stilbildende Arrangements bestimmt werden. Für die deutsche Lernkultur wären es für das 20.Jahrhundert wahrscheinlich der Frontalunterricht, die Hausaufgabe und deren Fremdkontrolle, das repetierende Lernen mit anschließender fremdbestimmter Prüfung in sog. Klassenarbeiten oder Leistungskontrollen. Aber auch hier ist die Aufmerksamkeit wieder darauf zu richten, dass Selbstorganisation des Lernens auch bedeutet, dass sich die Beziehungen im Arrangement unter dem Einfluss des Arrangements ständig ändern und dem Moment einer Steuerung entziehen. Ständig entstehende neue Möglichkeiten verändern auch das reflektierte bzw. zu reflektierende Arrangement der Arrangements. Der Akteur arrangiert sich z.B. in der Zusammenarbeit mit anderen nach leitenden Mustern, mit denen er seine verschiedenen Arrangements koordiniert, steuert, arrangiert. Er kann z.B. bei der Auswahl seiner Kooperationspartner emotional-sozialen Kriterien der Sympathie folgen, er kann aber auch weisungsgewohnt abwarten, welche Partner ihm zugewiesen werden, er kann aber auch rationalen Kriterien der Gegenseitigkeit der Hilfe folgen, nach denen er überlegt, welcher Partner ihm selbst Unterstützung geben könnte, und er wird ähnlichen Mustern bei anderen Arrangemententscheidungen folgen. Welchen Muster er folgt, ist zu einem durch die strukturellen Bedingungen seines Lernens bestimmt, aber auch durch seine eigene Befindlichkeit, und mit jedem Schritt der Kooperation ist seine Entscheidung der kritischen Reflexion unterworfen. Die Annahme der gegenseitigen Unterstützung kann sich als trügerisch erweisen, die Sympathie durch die egoistischen Verhaltensweisen erlischen, und jedes Mal muss das Subjekt in seinen Verhaltensweisen reagieren. Das selbstorganisatorische Moment in der Zusammenarbeit verschiedener Kooperationspartner (als Systemelemente) schlägt durch.

Damit weisen alle bisher genannten selbstorganisatorischen Momente auf eine Grundbedingung der Selbstorganisation hin: die Selbstreflexion und die Kompetenz zur Selbstreflexion.

6.4. Reflexion und Selbstreflexion in der Selbstorganisation

Das Merkmal der Reflexivität ist nicht nur eine gesellschaftliche Qualität der Postmoderne, sondern ein zentrales Moment individueller Existenz und Entwicklung. Die Reflexivität des individuellen und kollektiven Handelns erscheint als wesentliches Moment seiner Zweckrationalität, indem das „Handeln nach Zweck, Mittel und Nebenfolgen orientiert ist und dabei sowohl die Mittel gegen die Zwecke wie auch die Zwecke gegen die Nebenfolgen und schließlich auch die verschiedenen Zwecke gegeneinander rational abwägt. Rational wägt ein Subjekt ab, wenn es weder affektuell-emotional noch durch Traditionen geleitet handelt (Hillmann 1994, S.718). Die Reflexion bildet insofern Moment des zweckrationalen Handelns, aber beschränkt sich nicht darauf, indem auch die nichtrationalen Momente in die Reflexion eingehen.

1. Die Reflexion ist weder an verbale Kommunikation oder überhaupt an eine Verbalisierung gebunden. So ist es durchaus möglich, dass die Reflexion über Bilder und Bildverknüpfung erfolgt, die mit subjektiven Bildprojektionen vermischt werden. Damit ist die Reflexion einer wissenschaftlichen Analyse nur bedingt zugängig.
2. Die Reflexion erfasst sowohl real existierende Gegebenheiten wie auch die emotionalen Projektionen über diese Gegebenheiten. In der Reflexion mischen sich die empirisch konstatierbaren Wahrnehmungen der Gegebenheit mit Einstellungen, Stimmungen, Sichten zu dieser Gegebenheit. In ähnlicher Weise nimmt die Reflexion auch Entwicklungsmöglichkeiten vorweg, mischt Wünschbares mit real Zukünftigen.
3. In die Reflexion drängen sich die möglichen Deutungen der Handlungskontexte, die wechselnden Wertungen der Aktionspartner. Schon an dieser Stelle wird sichtbar, dass die Reflexion ein sozial vermittelter Akt ist, der reflektierende Akteur reflektiert nicht nur, was real existiert, sondern was als soziales Reaktionsfeld auftreten könnte, er nimmt vorweg, wie andere seine Aktion sehen werden, und er wird seine Aktivität wesentlich danach richten, wie er eine beabsichtigte Wirkung in der Wahrnehmung der anderen erreichen kann. Das Individuum nimmt in der Reflexion auch die mögliche Rückkopplung vorweg.
4. Die Reflexion ist in all diesen subjektiven Beziehungen in hohem Maße Selbstreflexion – die Reflexion des eigenen Selbst. Die Selbstreflexion – hierin stimmt die psychologische Literatur überein – richtet sich vor allem auf Beziehungen:
a) des eigenen Selbst zu den existierenden Lernmöglichkeiten, die Brauchbarkeit, die Notwendigkeit, die Aneignungsmöglichkeit, die Wertigkeit in bezug auf die Lerninteressen des Individuums;

b) der eigenen Lerninteressen zu denen anderer Akteure, deren mögliche Anerkennung oder Ablehnung, deren Unterstützung, Rivalität, Missgunst,
c) der bisherigen Erfahrungen mit dem eigenen Lernen und die Erwartungen an sich selbst und der eigenen oft widerstrebenden Interessen und möglicher Interessenkollisionen.
Und auch hierbei lenkt das Moment des Selbstorganisatorischen die Aufmerksamkeit auf die Unberechenbarkeit, die Nichtvoraussagbarkeit auch des eigenen Wirkens und der dabei entstehenden Varianten. Jeder weiß um die Schwierigkeiten, die eigene Bequemlichkeit oder Unlust der Teilnahme an einem Selbstsprachlernkurs oder der Selbstdisziplinierung beim Fitnesstraining entgegensetzen. Der Widerstand kommt aus den inneren Dispositionen heraus und die wiederum sind widersprüchlich und sich wandelnd.
Für das weitere Verständnis einer sich verändernden Lernkultur bedeutet *Selbstreflexion vor allem Selbstorganisation zu ermöglichen,* und das heißt wiederum die Fähigkeit, Varianten möglicher Entwicklungen und die eigenen Handlungsmöglichkeiten zu antizipieren. Das entscheidende Argument gegen einen Vorwurf, dass die Anerkennung einer Selbstbewegung der Lernsituation ein fatalistisches Sich-Fügen hervorbringe, ist die Tatsache, dass der Akteur selbst Teil des sich selbst organisierenden Geschehens ist und er verschiedene Handlungsmöglichkeiten besitzt, mit denen er in das sich selbstorganisatorisch bewegende Geschehen eingreifen kann.
Die Selbstdeutung in der Selbstreflexion. Es war schon angedeutet worden, dass die wachsenden Autonomiemöglichkeiten in der beruflichen Arbeit durchaus nicht von allen Akteuren als wachsende Freiheit erlebt werden, sondern in einer Spannung von Druck und Freiheit, Autonomie und Kontrolle wahrgenommen werden. Mehr Druck durch mehr Freiheit. Im Vordergrund steht dabei für die Reflektierenden – unabhängig ob in Erwerbsarbeit oder außerhalb von ihr – wie sie ihre eigenen Chancen in einer solchen Welt wachsender Ungewissheit deuten. Insofern setzt das Erkennen und der Umgang mit diesen Paradoxien entsprechende *Deutungskompetenzen* voraus. Die Reflexivität schließt auch die Fähigkeit ein, die eigenen Deutungsmuster durch konträre Erkenntnisse und Perspektiven zu ergänzen oder zu korrigieren, was wiederum heißt, die Deutungen zu deuten. Für Beschäftigte in der Erwerbsarbeit besteht z.B. der Gegensatz, den Autonomiegewinn durch entgrenzte Arbeit mit dem nach wie vor bestehenden Abhängigkeitsverhältnis als Arbeitnehmer zu verarbeiten und darin die eigenen Handlungsmöglichkeiten zu orten. So ist es durchaus möglich, diese Antinomie für sich als „ich arbeite, von der Angst getrieben" zu deuten oder aber auch „ich arbeite so viel oder mehr, weil es mir Spaß macht." Es wird sofort einsichtig, dass die Gefahr der Selbsttäuschung und der eigenen ökonomischen Instrumentalisierung nahe liegt.
Der Übergang von der Selbstreflexion zur Selbstvertretung. Die Selbstreflexion bildet zwar ein wesentliches Moment der Selbstorganisation, bedarf aber, um selbstorganisatorische Aktivitäten auszulösen, eine Reihe von Zwischengliedern,

Übergängen, Transfers. Vorangehend war auf die Selbstdeutung und die daraus resultierende Selbstmotivierung verwiesen worden. Was traue ich mir von den Kompetenzen her zu, und traue ich mir zu, in der vorhandenen Situation ein eigenes Lernen auszulösen, zu beginnen. Aus einer solchen Sicht resultieren Selbstvertrauen und Initiativen oder Selbstzweifel und Resignation. Ich mute mir etwas zu, ist ein Prozess, der auch sprachlich auf den Mut verweist, das als wertvoll oder nützlich Erachtete zu vertreten und in einem Handeln zu realisieren. Die mehr oder weniger richtige Selbstreflexion heißt noch nicht, die dort gewonnene Einsicht auch zu vertreten. Sich selbst zu vertreten, könnte eine der anspruchvollsten psychischen Leistungen sein, in der zweck- und wertrationale, emotionale, affektuelle und unbewusste Momente des Handelns ein Bündel widerstreitender Strebungen bilden. Der Mut seine als richtig erkannten Interessen zu vertreten, ist nicht jedem Individuum a priori gegeben. Zum einen prägt die vorberufliche Sozialisation entscheidende Voraussetzungen, um eigene Interessen zu artikulieren, Unterstützung zu organisieren und auch Konflikte durchzustehen. Nicht jeder Mensch ist nicht als Kämpfer geboren. Die Individuen gehen mit unterschiedlichen personalen Kompetenzen in die Erwerbsarbeit, die sie in der Kindheit und Jugend in der Familie und den Gleichaltrigen erworben haben. Zum anderen können durchaus Interessenkollisionen eine Selbstvertretung behindern, wie z.B. die Bescheidenheit des eigenen Anspruchs und Selbstanspruchs, die Rücksicht auf übergeordnete z.B. Unternehmensinteressen. Schließlich ist auch zu bedenken, dass die gesamte gegenwärtige Unternehmensorganisation nicht darauf ausgerichtet ist, entsprechende Selbstvertretungskompetenzen systematisch zu entwickeln, zu fördern oder zu ermuntern. Arbeitnehmer sind insofern oft einfach überfordert, wenn von ihnen – zumal unter den Bedingungen eines eingeschränkten Arbeitsmarktes – entsprechende Selbstvertretungskompetenzen gefordert werden, die über die Ebene eines vielleicht kollektiv ausgehandelten arbeitspolitischen Interessenausgleich hinausgehen. Es wird übersehen, dass auch in modernen Großunternehmen der Selbstvertretung Grenzen – wenn auch auf den einzelnen Stufen der Hierarchie unterschiedlich – gesetzt werden. Es ist einfach eine Selbsttäuschung – nun wiederum der Betrachter – anzunehmen, dass selbst wenn der Arbeitnehmer ihn beengende oder einschränkende Arbeitsbedingungen reflektiert hat, er diesen auch offensiv entgegentritt. Er schweigt oft von der Angst oder von Rücksichten getrieben.

6.5. Die Organisation in der Selbstorganisation
In diesem Abschnitte steht der Autor wieder in einem Dilemma. Einerseits weiß er um die institutionskritische Perspektive vieler Pädagogen und Bildungspolitiker und ihr Streben, das System der Bildungseinrichtungen zu verändern, andererseits besteht er darauf, dass eine neue Lernkultur auch einer organisational-institutionellen Perspektive bedarf.
Es könnte ein wesentliches Missverständnis der Diskussion um die Selbstorganisation des Lernens sein, dass diese Selbstorganisation nicht mehr der Organi-

sation bedürfe. Zum einen ist – schon vom Terminus her – auch das selbstorganisierte Lernen ein organisiertes Lernen, es ist nur das Individuum oder der kollektive Akteur selbst, die die Organisation hervorbringen, konstruieren, erzeugen. Zum anderen vollzieht sich jeder Akt der Selbstorganisation im Rahmen organisierter Bedingungen, sog. Rahmungen oder Kontexte. *Jeder weitere Schritt in Richtung selbstorganisatorischer Gestaltung des Lernens fordert die Organisation so zu gestalten, dass das Lernen tatsächlich selbstorganisatorisch verlaufen kann.* Insofern zwingt die Gestaltung der Selbstorganisation zu einer hohen Stufe organisatorischer Geregeltheit, und wenn es nur die einfache Regelung wäre, möglichst wenig zu regeln. In der Weiterführung des Gedankens bedarf selbstorganisiertes Lernen auch des institutionellen Rahmens und der Unterstützung von dazu berechtigten oder kompetenten Personen. Damit sind zwei Diskursfelder angesprochen, die in dem vorliegenden Kontext erörtert werden sollen:

6.5.1. Selbstorganisation und Deinstitutionalisierung

Seit Mitte des 19.Jh. überzieht ein Netz von Bildungseinrichtungen die nationale Bildungslandschaft und konstituiert die vier Säulen des Bildungswesens (Allgemeinbildung, Hochschulbildung, Berufsbildung, Weiterbildung). Die staatlich-öffentlichen Bildungseinrichtungen wie Volkshochschulen, Bibliotheken, die organisationalen Einrichtungen der Arbeitgeber, der Gewerkschaften, der Kirchen und Parteien und die *privaten Bildungsträger* bilden einen finanziell und personell bedeutsamen Bestandteil dieser deutschen Lernkultur.
Im allgemeinen Sprachgebrauch wird Institution synonym mit "Einrichtung" gebraucht, in der nach bestimmten Regeln des Arbeitsablaufs und der Funktionsaufteilung bestimmte Aufgaben erfüllt werden. Wir werden uns häufig dieses Begriffes bedienen.
In der Soziologie wird der Begriff „Institution" zur Bezeichnung von sozialen Tatbeständen wie Gewohnheiten, Bräuche, politische Verfassungen, juristische Organisationen verwendet, die dem Individuum objektiv und mit normativer Gewalt gegenüberstehen, „ein Ganzes aus Handlungen und Vorstellungen, die dem einzelnen als sozialer Tatbestand gegenübertreten" (Durkheim 1961).
Parsons sieht in Institutionen „einen Komplex institutionalisierter Rollenzusammenhänge, die für das betreffende soziale System von strategischer sozialer Bedeutung sind wie etwa Eigentum, Familie, Recht, Erziehung (Parsons 1951, S.39).
Mead wiederum bestimmt Institution als „eine gemeinsame Reaktion seitens aller Mitglieder der Gemeinschaft auf eine bestimmte Situation", „eine organisierte Form sozialen Handelns" (Mead 1968, S.308).
In der Kulturtheorie bezeichnet Institution "überdeterminierte Funktionssynthesen", die verschiedene Funktionen integrieren sollen, die kulturell bestimmte Bedürfnisbefriedigungen sichern sollen (Malinowski 1944).

In der Rechts- und Staatslehre wiederum werden mit Institution Gesamtheiten von Regeln bezeichnet, welche unter einer Leitidee (idee direktrice) den Zusammenhang zwischen Wirklichkeit, Zwecken und Rechtssprechung herstellen. Elemente einer Theorie der Institutionen sind danach Instanzenordnungen, Hierarchie der Ämter, Disziplin (Hauriou 1965).

Im Kern fassen diese Begriffe die Vorstellung, dass die Menschen wiederkehrenden Regelmäßigkeiten und abgrenzbaren Gleichförmigkeiten des gegenseitigen Verhaltens, d.h. Ordnern folgen, die ihrerseits Produkte subjektiver Intentionen, Zwecksetzungen und Interessen sind.

Die Organisation als soziales Gebilde trägt insofern Institutionscharakter und auch Einrichtungen insbesondere Bildungseinrichtungen drücken weitgehend diesen Inhalt aus. *Institutionalisierung bezeichnet danach den Prozess der Verfestigung von bestimmten Strukturen und Mustern regelmäßigen Verhaltens im Rahmen einer Funktionsoptimierung eines Systems.* Die Institution würde die bestehenden Beziehungen „auf Dauer" stellen wollen, um Inkonsistenzen des regelgeleiteten Verhaltens zu vermeiden. Das Interessante im Funktionsmechanismus einer Institution ist, dass auf der Grundlage von Regeln (Grammatiken) Typen von Handlungen, d.h. Ordnungen, erzeugt werden, in denen sich reziprok die Institution selbst reproduziert. Die Individuen werden durch die Institution so orientiert, dass sie sich als Mitglieder der Institution bestimmen und zugleich eine Ordnung erzeugen, die wiederum die Institution reproduziert. Dabei muss die Institution einerseits Öffentlichkeit konstituieren, um überhaupt als Einrichtung wahrgenommen und akzeptiert zu werden, andererseits ein Moment des Korporatismus in sich tragen, das die Institution auch sich abschließen lässt. Institutionen sind nach obiger Definition an formelle Organisationen gebunden, damit würden umgangssprachliche Formulierungen, dass eine Person zur Institutionen geworden ist, nur metaphorisch benutzt werden, oder es ist mit der Person eine Rolle verbunden, die ihrerseits zur Institution geworden ist (z.B. Bundespräsident). Als Indikatoren ihrer Wirksamkeit werden häufig die Beteiligung an Veranstaltungen dieser Einrichtungen, am Zeitaufwand sowohl der Träger wie auch der Teilnehmer, die Einfluss- und Strukturfaktoren, die Träger-, Kosten-, Finanzierungs- und Nutzensstrukturen oder ihre Zertifikationsangebote angegeben, was wiederum formalen Legitimierungsversuchen der Institution Raum gibt, und hierin liegt das eigentliche Anliegen der Institutionenkritik. Die Funktionsweise traditioneller Einrichtungen ist vielfach eher reaktiv und auf die Befriedigung eines potentiellen Bedarfs orientiert. *Einer sich herausgebildeten Institutionskultur folgend, streben sie häufig nach Bestandssicherung auf der Grundlage erfahrungsbegründeter Routinen* und setzen Veränderungen Widerstand entgegen.

Es ist ein Merkmal der Genese von Institutionen, dass sie unabhängig von den Zeitläufen, den tragenden gesellschaftlichen Kräften oder dem Institutionstyp durch die Spannung von *Institutionalisierung und Deinstitutionalisierung* getragen werden. Das Streben nach Deinstitutionalisierung oder eine massive Institutionskritik sind insofern keine historisch neuen Erscheinungen, sondern begleiten die Institutionsgeschichte und sollten deshalb auch keine Panik bei Institutionsvertretern auslösen. Zudem hat die Differenzierung der im sozialen Umfeld wirkenden Institutionen gezeigt, dass die gegenwärtigen Entgrenzungen des Lernens nicht mit einer umfasssenden Deinstitutionalisierung gleichzusetzen sind, sondern sich ständig – der oben genannten Spannung folgend – auch neue Institutionen herausbilden.

Es ist deshalb auch ein Trugschluss zu meinen, eine Deinstituionalisierung würde durch einen Rückzug des Staates aus der Verantwortung für das Bildungswesen begleitet. Der Staat ist mit neuen Lernkulturen nicht aus seiner Bildungsfunktion entlassen: Eine solche Funktion bezieht sich
- auf eine Grundausstattung der Regionen mit Bildungsinstitutionen und die Sicherung lernförderlicher ökonomischer und administrativer Strukturen,
- die Durchsetzung von einheitlichen Regulativen, welche die Vergleichbarkeit der Bildungsniveaus und damit eine vielseitige Mobilität ermöglichen, Standards der Bildungsprofessionen und die Sicherung finanzieller Transfers für individuelle Bildungsaktivitäten zu gewährleisten,
- die Heranführung bildungsferner Schichten an einen erklärt allgemeinen Bildungsstandard.

Es wäre zudem eine Aufgabe einer staatlichen Bildungspolitik, die Entwicklung einer kritischen Bildungsöffentlichkeit zu unterstützen, die sich verschiedener Steuerungs- und Kontrollformen bedient, um den Bürgern alternative Bildungsgänge zu ermöglichen. Neue Lernkulturen bewegen sich nicht in einer Versus-Konstruktion „hier staatlich Fürsorge, da private Initiative", und sollten sich auch nicht einer hemmungslosen Privatisierung unterwerfen, sondern schließen eine entfaltete Öffentlichkeit ein – eine Kultur der gemeinsam geteilten Wahrnehmungen und Orientierungen im Gemeinwesen –, in der Stiftungen, Bildungsverbünde, Bildungswerke, Elterninitiativen, Fördervereine, Netzwerke und auch Sponsoren Platz haben. Die neuen Lernkulturen werden durch eine aktive bildungsinteressierte Öffentlichkeit getragen und bringen sie gegebenenfalls auch hervor. Es steht außer Zweifel, dass die Bildungsinstitutionen – einschließlich der Schulen – in den nächsten Jahren einer radikalen Selbst – und Fremdevaluierung ihrer Effizienz unterliegen werden und der Markt oder auch die demographische Situation eine Selektion unter den Bildungseinrichtungen erzwingen werden. Eine öffentliche Kontrolle der Qualität von Bildungsinstitutionen, insbesondere solcher der Erwachsenenbildung auf der Grundlage von Arbeitsförderung (AFG, SGB) und das Management dieser Kontrolle stehen jedoch aus.

Nach einer sich selbstorganisierenden neuen Lernkultur zu fragen, bedeutet nach dem bisher Gesagten nicht vorrangig, Institutionen auflösen und Institutionalisierung durch Deinstitutionalisierung, Organisation durch Selbstorganisation, Regulierung durch Deregulierung ersetzen zu wollen, sondern die verschiedenen Formen des Lernens in ihren veränderten Beziehungen und Funktionen zu bestimmen. In diesem Zusammenhang ist auch zu beachten, dass sich bisherige sektorale Anbindungen von Lernen an die Bildungsressorts der beruflichen, allgemeinen und politischen Bildung z.T. schon jetzt aufzuheben scheinen, zudem sich Überlagerungen zwischen den Sektoren Bildung, Soziales, Arbeit, Kultur in den Ämtern herausbilden. In diesem Prozess werden sich Bildungsinstitutionen immer stärker als Bestandteile regionaler Netze verstehen müssen, die eine arbeitsteilige Funktion tragen. In diese Funktion werden eingehen: Lernberatung, Projektentwicklung und Projektmanagement, Koordinierung von Lernangeboten, Evaluierung der Lernhaltigkeit von Arbeitstätigkeiten, Kooperations(an)stiftung und die Moderation zwischen den Einrichtungen. Die institutionellen Strukturen werden dabei einen Funktionswandel durchlaufen, der weitere Differenzierungen hervorbringen wird, und es werden neue Institutionen mit neuen Funktionen hinzukommen. Die bisher erkennbaren und sehr allgemein gefassten Funktionen solcher neuen regionalen Institutionen wie z.B. Intermediäre, intermediäre Agenturen – die durchaus auch mit alten Institutionen verschmelzen können – sind die Zusammenführung und Moderierung von Lernsubjekten, die Vermittlung zwischen Lerninteressen und Lernangeboten, die Steuerung von Ressourcen für ein fremd -und selbstorganisiertes Lernen, die Schaffung von Netzwerken mit dem Ziel des Informationsaustauschs und des gegenseitigen Informationszugriffs.

Auch die jetzige Kritik vor allem an Weiterbildungseinrichtungen (der Mythos Weiterbildung zerbricht – Arnold), mit der mehr oder weniger offen vorgetragenen Absicht, diese zu reduzieren, übersieht einige Tatbestände auch eines veränderten Lernens (Aulerich 2003):
- hinsichtlich der Vermittlung von systematischer Grundlagenbildung in unterschiedlichen Bereichen und auf den verschiedenen Stufen. Jede Initiation in den Lernkarrieren – der Einstieg in die Berufsbildung, der Übergang in das Universitätsstudium, die Aufnahme der Computerarbeit – setzt eine Grundlagenbildung voraus, die erst zum selbstorganisierten Lernen befähigt. Es wäre eine enorme Zeitvergeudung von Lebenszeit, diesen Prozess außerhalb institutioneller Hilfe verlaufen zu lassen;
- hinsichtlich der Vermittlung eines Überblickswissens, die meist mit einer mehr oder weniger systematischen Einführung in das Fachgebiet verbunden ist, die es wiederum gestattet, sich in dem Fachgebiet zu orientieren, Inhalte zu wichten und zwischen Bildungswegen zu entscheiden. Sich selbstorganisierend in einem Sachgebiet zu bewegen, setzt Überblick, die Kenntnis des Systems, die Einsicht in die verbindenden Zusammenhänge voraus. Es wäre einfach arrogant anzunehmen, dass ein solches Wissen anzueignen ohne strukturelle und personelle Unterstützung möglich ist;
- hinsichtlich einer Einführung in grundlegende Methoden und Kulturtechniken, die Grundlagen einer methodischen Kompetenz darstellen und die wiederum ein selbstorganisiertes Lernen ermöglichen. Eine solche Kom-

petenz zu entwickeln, heißt aber auch, dass es unter Anleitung geübt und trainiert werden muss. Die Frage lautet auch in diesem Fall nicht, ob Institutionen notwendig sind oder ob man auf sie verzichten kann, sondern welche Funktionen die Institutionen sich zuschreiben, welche Arbeitsweisen sie entwickeln, wie sie ihre eigenen Lernprozesse organisieren. Und hier sollten auch radikale Kritiker eingestehen, das Feld der Bildungseinrichtungen ist in einer intensiven Bewegung, es verlaufen unabgeschlossene Prozesse der Institutionalisierung wie auch solche der Deinstitutionalisierung, sowohl der Beharrung und Besitzstandswahrung wie die einer offensiven und innovativen Dynamik. Der Prozess der Entgrenzung hat auch die Institutionen erfasst und wird sowohl durch die Auflösung bisheriger Bildungsinstitutionen, die Funktionserweiterung von Institutionen des einen Typs zu Institutionen eines anderen Typs und durch die Neubildungen von Institutionen ergänzt werden, die in Agenturen, Netzwerken, Lernstätten, intermediären Einrichtungen vielleicht einen neuen Institutionentyp herausbilden (Aulerich 2003).

Das Problem der traditionellen öffentlich-staatlichen Bildungseinrichtungen scheint es zu sein – und insofern könnte sich ein Institutionswandel abzeichnen – dass sich die Einrichtungen als Dienstleister profilieren oder profilieren müssen. Das Bildungsangebot ist eine Dienstleistung an den Bürger. Ein solcher Begriff der Dienstleistungen – dem staatliche Bildungseinrichtungen übrigens schon immer verpflichtet waren – wäre unter der Sicht von Bildungsintentionen neu zu bestimmen. Nur führt die Vorstellung, dass Bildungsinstitutionen sich zu Dienstleistern zu wandeln haben, die auch vom Forum Bildung vertreten wurde, allein nicht weiter, wenn nicht erklärt wird, welche Dienstleistungen benötigt werden, wer sie zu erbringen hat und wie sie zu gestalten sind. Von Interesse könnten dabei in der Weiterbildung Erfahrungen privater Bildungsanbieter sein, die vor allem in Ostdeutschland in den letzten Jahren – nach einer Zeit hoher staatlicher Subventionierung – mit jetzt eingeschränkten finanziellen Ressourcen und unter einem wachsenden Konkurrenzdruck – sich in einem enger werdenden Bildungsmarkt gegenüberstehen. Hier könnten sich Modelle flexibel reagierender, anpassungsfähiger und zugleich international vergleichbarer Bildungsdienstleister entwickeln. Solche Institutionen werden sich relativ kurzfristig Evaluationskriterien unterwerfen, die sie wiederum als Qualitätsmarken nutzen (Stiftung Bildungstest) und in regionalen Netzwerken als Moderatoren und Initiatoren von Beschäftigungsprogrammen anbieten. Diese Institutionen könnten informelles Lernen in Beraterdiensten, in Coaching- und Supervisionsangeboten oder in Workshops direkt zum pädagogischen Prinzip machen und dabei das Prinzip des Pädagogischen selbst verändern helfen. Insofern setzen in vielen Bildungseinrichtungen Wandlungen ein, welche das Lernen als Interaktion zwischen Lehrenden und Lernenden begreifen, die informellen Lernprozesse aufgreifen, darauf vorbereiten und der Individualisierung und Selbstorganisation des Lernen Raum geben. Die Wahrnehmung der Außensteuerung und Genese der Einrichtung, die Entwicklung eines Selbstbildes, die Herausbildung von Supportstrukturen zur Förderung der Selbstreflexivität der Einrichtung werden wichtige Instrumente institutioneller Handlungsfähigkeit bilden. Dabei erscheint es vorerst als zweitrangig, ob der Begriff der Lerndienstleistung zweckmäßig ist, ob er vielleicht nur für die Weiterbildung oder für alle Bildungseinrichtungen gelten sollte.Tab.8 stellt den Funktionswandel der Bildungseinrichtung dar, wobei auch hier wieder gilt, dass die polare Entgegensetzung nur die Eckpunkte eines Intervalls charakterisiert.

Tab. 8 Funktionswandel der Bildungsinstitutionen zu Lernagenturen (Lerndienstleistungen)

Traditionelle Lernkultur	entgrenzte Lernkultur
Belehrung	Beratung, Moderation, Betreuung
Bedarfsbefriedigung	regionale Gestaltung
Institution	Netzwerk
Kursanbieter	Vermittlungsagentur
Geschlossene Lehrgänge	modulare Bausteine
Feste Mitarbeiterbindung	flexible Mitarbeiterbindung

Die Vorstellung von der Lerndienstleistung hat auch dazu geführt, dass Lehrende als Lerndienstleister verstanden und auch bezeichnet werden. In der Tat scheint es – wie oben schon angedeutet – wenig Sinn zu machen, den Begriff des Lehrens oder Vermittelns durch den der Dienstleistung zu ersetzen, wenn damit nicht ein neuer Sinn des Lehrens verbunden wird.

6.5.2. Selbstorganisation und Deprofessionalisierung

Der Begriff „Lernkultur" wird häufig in der Zusammenfügung „Lern- und Lehrkultur" gebraucht, was wiederum von einzelnen Diskursteilnehmern zurückgewiesen wird, die einwänden, dass gerade der Übergang von einer Lehr- zu einer Lernkultur die neue Lernkultur kennzeichne. Tatsächlich wird seit längerem in der Literatur darauf hingewiesen, dass es eine berufstypische Selbstvereinfachung ist, dass die Lehrtätigkeit – das Lehren – unmittelbar Lerntätigkeit auslöse bzw. Lernen durch Lehren direkt steuerbar sei. Die Alltagserfahrung bestätigt: Viele Teilnehmer an Bildungsmaßnahmen lernen nicht das, was gelehrt wurde oder lernen etwas, was nicht gelehrt wurde oder lernen erfolgreich, obwohl gar nicht gelehrt wurde. Insofern ist es fragwürdig, dass a priori Lehren und Lernen ein System bilden. Entscheidend könnte es sein, welche tätigen Beziehungen zwischen Lehrenden und Lernenden die Strukturverknüpfung konstituieren und inwieweit sich das Lehren selbst auch als Lernen (am anderen) versteht.

In der Literatur wird durchgehend von einer neuen Rolle der Lehrenden gesprochen. Sie sind danach nicht mehr primär Wissensvermittler, sondern wandeln sich zum Lernbegleiter und Lernberater, zu kooperativen Lernpartnern, die Bedingungen schaffen, unter denen sich Lernende als handelnde Subjekte mit Lerngegenständen selbständig auseinandersetzen.
Pädagogen als Lernberater
- helfen eine vertrauensvolle Lernatmosphäre zu schaffen,
- schlagen Teilnehmern vor, sich über Stärken und Schwächen bewusst zu werden und daraus Lernziele zu formulieren,
- helfen Hilfsquellen zu erschließen,
- vereinbaren evtl. mit einzelnen Lernenden einen Lernvertrag, in dem die Ziele festgehalten werden,
- beraten nach Anfrage Lerngruppen und einzelne Lernende,
- geben Hilfestellung bei der Lösung methodischer, individueller und sozialer Probleme,
- bieten ihre eigene Kompetenz an und geben feedback
(http://www.neue-lernklutr.de/neuelernkultur.php?aspekt=lehrende).
Auch eine erste oberflächliche Betrachtung dieser dem Lehrenden zugedachten Rolle lässt erkennen, dass eine Vereinseitigung einsetzen könnte. Der Lehrende wird danach auf eine sozial-psychische Funktion reduziert – dem Sozialpädagogen gleichend –, in der er „nur" noch das Lernen fördernde psychisch-soziale Bedingungen schaffen soll. Er steht außerhalb dieses Prozesses, moderiert, berät, ermuntert, aber er vermittelt nicht mehr. Aus der Tatsache, dass Lernen tatsächlich ein individueller Aneignungsprozess ist, kann nicht geschlussfolgert werden, dass die Persönlichkeit des Lehrenden keinen Einfluss auf die Aneignung hätte. Im Gegenteil: seine Ausstrahlung, sein Engagement während des Vortragens, Streitens, Erörterns und auch seine Autorität treten als Element der Aneignung auf. Die Intensität der Aneignung, die Zuwendung und das Interesse am Gegenstand, die bleibende Aufmerksamkeit werden auch durch das fachliche Profil des Lehrers bestimmt. Es wäre eine Verarmung der Profession, wenn auch die kognitive Lehrfunktion übersehen würde, die Lehrer zu bewältigen haben. Sicher lernen die Schüler das Lernen in der eigenen Auseinandersetzung mit dem Gegenstand, aber es ist der Lehrer, von dem sie das Beweisen lernen, das auch eine gewisse Kultur (=Ordnung) verlangt. Sie lernen von ihm, wie man mit Begriffen umgeht, wie man Zusammenhänge herstellt, und sie lernen nicht nur die Methoden, sondern auch ein grundlegendes Wissen, mit dem sie dann selbständig weiterarbeiten können. Der Lehrende hat auch eine inhaltliche Vermittlungsfunktion, in der er als der Wissende – nicht immer der Besserwissende – auftritt, und wenn jemand diese Vermittlung als Dienstleistung auffassen will, so entsteht zumindest keine Fehlorientierung. Auch künftiges Lernen wird Phasen, Strecken aufweisen, in denen ein Lehren und auch Belehren durch entsprechend kompetente Personen einen effizienten Prozess des Lernen ermöglichen können.
Wir sehen also die Kultur des Lehrens als einen notwendigen Bestandteil einer

Lernkultur. Das Lernen auch die Form einer Lernberatung annehmen kann, wird ein zeitweiliges und/oder episodisches Belehren nicht ersetzen. Eine differenzierende Lernwegbetreuung (das Coachen) wird durchaus auf Möglichkeiten des frontalen Vermittelns zurückgreifen, wenn sich diese Form als effizient erweist. Das Problem besteht vielleicht weniger in den Versuskonstruktionen Lehren oder Lernen, sondern in der *Art und Weise des Lehrens.* Das Pädagogische wird nicht überflüssig, sondern gewinnt eine neue, andere Dimension, indem sie zumindest drei Merkmale annimmt:
- Pädagogisches Führen des selbstorganisierten Lernens heißt zum Lernen und Weiterlernen zu befähigen, das Führen endet nicht mit der Aneignung eines bestimmten Stoffes durch das Individuum, sondern mit der Ausbildung der Fähigkeit, über das Gelernte hinauszugehen.
- Pädagogisches Führen heißt insofern das Lernen weniger als einen resultatsfixierten antizipierten Lernweg, sondern als offenen Prozess zu gestalten, der auch für Nebenwege, Teilprozesse offen ist, Verzweigungen zulässt, neue Problemstellungen aufgreift;.
- Pädagogisches Führen schließt ein, den Lernenden an der Lernziel-, Lernweg- Lernformbestimmung partizipieren zu lassen, eine ständige Rückkopplung zu ihm zu organisieren, die reflektierende Selbstkontrolle über die erreichten Zwischenresultate zu ermöglichen.

Insofern könnten wir zu folgender Begriffsbestimmung gelangen, dass *mit Lehren eine planmäßige und reflektierte Tätigkeit von damit beauftragten oder dazu befugten Personen oder Personengruppen zur Entwicklung von Kompetenzen bei den Lernenden verstanden werden soll. In einer neuen Lernkultur ist es vorrangiges Ziel des Lehrenden, dem Lerner ein selbstorganisiertes, d.h. reflektierendes Lernen zu ermöglichen.* Eine solche Bestimmung legt Lehren und auch Lehrer weder auf die Institution Schule oder Berufsschule noch auf ein Lehramt oder auf eine spezifische Tätigkeit – die Vermittlung – fest. Es ist historisch interessant, dass die vom Deutschen Bildungsrat 1970 formulierten Aufgabenfelder des Lehrenden so weit gar nicht von den Vorstellungen einer Kultur des Lehrens als Lerndienstleistung entfernt waren: Im Kontext eines programmatischen Professionalisierungskonzeptes wurden dort als pädagogische Aufgaben unterschieden: Lehren, Erziehen, Beraten, Beurteilen, Innovieren.

Die Begriffsbestimmung lässt aber auch nicht zu, dass das Lehren dominierend durch nichtprofessionalisierte Laien übernommen wird. Nun ist sicher auch hierbei wieder zu überlegen, ob nicht in vielen Bildungsbereichen Laien verstärkt in das Lehren einbezogen werden sollten. Im Bereich z.B. der Kinderbetreuung im Vorschulbereich oder im Hort müsste sogar bald geprüft werden, ob Laienkräfte, die über pädagogische Erfahrungen verfügen eine Zertifikation erhalten sollten. Grundsätzlich aber sollten diese Integrationsversuche auf ein Netz pädagogisch professionalisierter Lehrkräfte und Erzieher zurückgreifen, die für ein gemeinsames reflektierendes Lernen Verantwortung tragen. Auch hier ist allerdings wieder gegen eine Vorstellung anzugehen, als sei eine abgeschlossene pädagogische Ausbildung oder eine befristete Bildungsmaßnahme (z.b. ein Hundertstundenprogramm für den Erwerb der Qualifikation als Tagesmutter) schon der Erwerb der Profession. Über eine Profession zu verfügen, ist ein ständiger, immerwährender Prozess des Reflektierens, Vergleichens, Neuaufnehmens, Veränderns – d.h. des Lernens. Dieser Prozess des arbeitsbegleitenden Lernens könnte durch eine Kooperation zwischen Profis und Laien eine besondere Produktivität erhalten, aber diese Kooperation würde auch des Parts des ausgebildeten Pädagogen bedürfen.

7. Die „neue Lernkultur" – eine Lernkultur der reflexiven Moderne

Das Kapitel sucht die in den vorangegangenen Kapiteln dargestellten einzelnen Veränderungen des Lernens in den Vorstellungen einer neuen Lernkultur zusammenzufassen. Es greift dazu die eingangs geschilderten Defizite der zu überwindenden Lernkultur und die dort geprägten Begriffsbestimmungen wieder auf. Es scheint so, als kehre die Schrift gleichsam zum Ausgangspunkt zurück, und doch versucht dieser Abschnitt den Übergang von der „Einfachen Modernen" zur „Reflexiven Moderne" sichtbar zu machen und die Merkmale der neuen Lernkultur zu bestimmen. Es ist wesentliches Anliegen auch dieses Kapitels das Nebeneinanderbestehen verschiedener Lernkulturen zu begründen und Entgegensetzungen oder Ersetzungseuphorien zu vermeiden.

Wir hatten eingangs festgestellt, dass Lernkulturen sich in gemeinsamen Handlungs- und Erfahrungszusammenhängen menschlicher Tätigkeiten herausbilden und den Menschen dazu dienen, ihr Lernen zu orientieren, zu ordnen und zu regeln. *Der Begriff „Lernkultur" bezeichnet danach strukturierte Gesamtheiten von Institutionen, Tätigkeiten, Mentalitäten und Traditionen, deren wesentliche Funktion darin besteht, in Gemeinschaften gleichgelagerte handlungsleitende Orientierungen des Lernens zu vermitteln, kollektiv erzeugte und geteilte Haltungen und Wahrnehmungen zum Lernen anzubieten und mit Systemen von Ordnern (Werte, Normen) Lernen zu organisieren.* Mit Schmidt (1994, S.243) wird zumindest in der Literatur der Erwachsenenbildung Lernkultur als „sinn und deutungsgeprägtes Ausführungsprogramme von Sozialität auf der kognitiven, kommunikativen und soziostrukturellen Ebene" gefasst, was die Vergegenständlichung von Kulturen einschließt. Rolf Arnold begreift Lernkulturen als "Rahmungen, die von allen Gruppenmitgliedern in und durch Lehr-, Lern- und sonstige Kooperations- und Kommunikationsprozesse hergestellt werden und bestimmte Entwicklungsmöglichkeiten ermöglichen und andere verhindern(1998, S.3ff). Diese Rahmungen bieten Orientierungen durch explizite und implizite Normen und Wertvorstellungen (Arnold/Schüssler 1998, S.3).
Mit diesen Bestimmungen ist vorerst ein Merkmalsraum bestimmt, der gestattet mit dem Begriff Lernkultur zu arbeiten und den Begriff an die außerpädagogische Lebenswelt anzuschließen (Arnold 1999, S.31). Ausdruck von Lernkultur sind dann Lernstile, Lernthemen, Lernangebote, Lerneinrichtungen, lokale Lerninfrastrukturen und Finanzierungsformen, wobei wiederum narrative, multikulturelle oder ökologische Kulturen unterschieden werden könnten. Der Merkmalsraum orientiert auf die Ordnungsfunktion von solchen Kulturen; die Wertegebundenheit der Ordner, die auch Normierungen hervorbringt; die Öffnung (und Schließung) von Handlungsräumen oder die Prozesshaftigkeit.
Die vorangegangenen Abschnitte hatten auf einzelne Veränderungsprozesse des Lernens aufmerksam gemacht, u.a. auf:

- den Übergang von der zertifizierten Wissensvermittlung zur Aneignung von fachlichen und überfachlichen hybriden Kompetenzen;
- die Ressourcen des Lernens in neuen Lernorten außerhalb der Erwerbsarbeit wie z.b. in der Bürger- oder Gemeinwesenarbeit, der Hausarbeit, den Freizeittätigkeiten und auf den Kompetenztransfer zwischen diesen Feldern;
- neue Lernformen wie z: B. des selbstgesteuerten informellen Lernens und dessen Zertifizierungs- und Bewertungserfordernisse;
- die Möglichkeiten des mediengestützten Lernens und individueller Lernarrangements;
- die veränderte Funktion von Bildungsinstitutionen als Lerndienstleister und die Herausbildung neuer Institutionen mit intermediären Akteuren/Agenturen,
- die erweiterten Funktionen der Lehrenden im Sinne individueller Lernbegleitung, -beratung und -unterstützung;
- die Vernetzung der Bildungsakteure und -institutionen (Bildungsnetzwerke, regionale Kooperationsverbünde, bürgernahe Lernzentren, Lernhäuser).

In der Gegenüberstellung von traditioneller und zukunftsorientierter Lernkultur ergaben sich folgende Merkmale, die nicht als Versuskonstruktionen, sondern mehr als Koexistenzen verstanden werden sollten:
Unabhängig von diesen Bemerkungen steht im Zentrum der neuen Lernkultur - wie auch das Forum Bildung (2000) in seinen Empfehlungen zur „Individualisierung"(1) und „Verantwortung übernehmen" (2) formuliert – *um die Kompetenz und Bereitschaft des Individuums zur Selbstorganisation seines Lernens und die Aufgabe des Lehrens, dafür lernförderliche Bedingungen zu schaffen.*
Das Individuum soll Ziele, Niveau, Inhalte, Organisationsformen, Zeitpunkte und Zeitbedarf seines Lernens bestimmen und eigenverantwortlich steuern, es soll seine Lerninhalte selbst auswählen und zu Lernarrangements zusammenfügen, es soll die Lernerfolge selbst kontrollieren, es soll zum „Unternehmer seiner Bildung" werden, der sowohl für den Erwerb, die Reproduktion, die Aktualisierung und die Vermarktung seines Lernens Verantwortung trägt.
Eine solche Orientierung schließt sich nahtlos an das Konzept von der Entgrenzung des Arbeitens und der Herausbildung eines neuen Typus des Lohnarbeiters – des Arbeitskraftunternehmers – (Voß/Pongratz 1998) an, der frei von eingrenzenden zeitlichen, räumlichen, sozialen und medialen Rahmenbedingungen seine Arbeitskraft verwertet und in diesem Zusammenhang auch seine Bildung selbst organisiert. Die auf diese Weise offerierte neue Lernkultur führt dazu, dass der Arbeitnehmer nicht nur seine Arbeitskraft verkaufen muss, sondern seine ganze Person dem Verwertungsinteresse unterordnet, was mit den Vorstellungen einer Diffundierung von Arbeits- und Privatleben, von Arbeit, Lernen und Lebensführung, von Arbeitszeit und Freizeit durchaus heute schon arbeitsmarktpolitische Entsprechungen findet und den Verdacht entstehen lässt, dass mit dem Konzept des Arbeitskraftunternehmers Ideologie produziert worden ist.

Tab. 9 Traditionelle und entgrenzte Lernkultur

Element der Lernkultur	Traditionell	Zukunftsorientiert
Stellung des Individuums zur Bildung	fremdbestimmt – fremdorganisiert	selbstorganisiert und individuell verantwortet, selbstreflexiv
Inhalt der Bildung	Qualifikation	Kompetenz
Lernkanon	zentrale Curricula	individuelle Lernarrangements
Bereich	bereichsspezifisch	bereichsübergreifend (lebensweit – lebenslang – lebensnah)
Aneignungsform	separierend (politisch, beruflich, allgemein), formell, instrukturell	integrierend-ganzheitlich, informell, konstruktiv-reflexiv
Einordnung in den Lebenslauf	phasenorientiert	lebenslang, -begleitend
Lernkooperation	institutionell segregiert	fluide Netzwerkstrukturen, offen, permanent
Zertifizierung	abschlussorientiert	Aneignung unterstützend
Lehrkultur	vermittelnd, Lehrkraft hierarchisiert	Lernberater/Dienstleistung, demokratisch-partnerschaftlich

Kritiker gegenwärtiger Reformanstrengungen, die einer neuen Lernkultur verpflichtet sind, werden sich mit dem Sachverhalt abfinden müssen, dass *die Selbstorganisation des Lernens zukünftig nicht nur ein höheres Gewicht gegenüber dem reglementierten, fremdgesteuerten Lernen erhält, sondern zum zentralen Inhalt zukunftsorientierter Lernkulturen wird.* Es sind vielleicht weniger die einzelnen Verfahren und Inhalte des Lernens, die sich ändern, sondern *die veränderte Einordnung des Lernens in den Lebenskontext der Individuen, die eine Neuordnung durch neue Ordnungsmuster bedingt.* Das Individuum ist gezwungen, den Zusammenhang zwischen dem Lernen, seinem Arbeiten und der Art der Lebensführung unter veränderten „Basisselbstverständlichkeiten" verändert zu gestalten (Geissler 2003, Gross 1999, Siebert 2001). Die Welt, um einen Gedanken von Max Weber zur vorangegangenen Moderne aufzugreifen, scheint einer erneuten Entzauberung zu unterliegen und ihre Gegebenheiten in Frage zu stellen. Hatte noch die Moderne die Vorstellung von der endlos wachsenden Naturbeherrschung und des sozialen Fortschritts entwickelt, die nationalstaatliche Fixierung der modernen Gesellschaft postuliert und die Überzeugung von der sozialen Gleichheit oder von der Stabilität der Privatwirtschaft und den Selbstheilungskräften der Wirtschaft verkündet, die auch eine Vollbeschäftigung garantierte, so deutet sich ein Strukturbruch an, der nach Ullrich Beck als Übergang von der „Ersten" zur „Zweiten" Moderne gefasst werden kann (SFB 536. Das Forschungsprogramm. München 2002). In dieser „Neuen" oder „Reflexiven Moderne" ist unübersehbar, dass die *Unsicherheit in die Gesellschaft zurückkehrt,* und es ist verlockend dem Gedanken zu folgen, dass ob dieser Unsicherheit der Kulturbegriff in Mode kommt. Kultur – so scheint es – wird immer dann als Hoffnungsbegriff gebraucht, wenn bisherige Gewissheiten in Frage gestellt werden. Sicherheit war das Fahnenwort der Einfachen Moderne. Die Vorausschaubarkeit der Lebensbahnen und die Berechenbarkeit der Risiken, aber auch die vielfach ständisch geprägten Milieubildungen, die dem einzelnen eine wesentlich fremdbestimmte gesellschaftliche Position einräumten, waren fundamentale Gewissheiten, die wiederum das wissenschaftliche Theoriewissen aufwerteten. Diese Gewissheiten scheinen auch im Lernen aufgebrochen zu sein und eine Handlungsunsicherheit zu entstehen. Bislang als gültig betrachtete Vorstellungen der identitätsstiftenden Funktion der Erwerbsarbeit, von beruflicher Ausbildung und Berufskarriere, von Lebenssicherheit durch frühzeitigen Bildungserwerb, die soziale Verortung durch Bildung, innerfamiliäre Arbeitsteilungen mit unterschiedlichen Kompetenzinhalten werden als inkonsistent erfahren. Das System der ordnenden Werte scheint auseinanderzubrechen, eine neue Verheißung ist gefragt.

Auf dieser Grundlage soll die folgende Charakteristik einer neue Lernkultur keine normative Auflistung von Sollenssätzen darstellen, – was dem Gedanken der „Ungewissheit" widerspräche. Es soll auf Prozesse aufmerksam gemacht werden, für die es in der Gegenwart schon vielfältige Ansätze gibt, die offen sind und in denen ständig neue Möglichkeiten entstehen. Dabei könnte die Region Ostdeutschland sich durchaus als Experimentierfeld erweisen, in dem Lösungen vorgedacht werden, die für das Bildungswesen in Deutschland von Bedeutung sein könnten. Nun lässt allerdings der Begriff des Experimentierfeldes auch die Deutung zu, dass destruktive zumindest aber ambivalente Experimente erprobt werden könnten.

Aus der Werkstatt für neue Lernkultur stammt eine erste, vorläufige Annäherung an den Verheißungsbegriff: "Lern..." akzentuiert die Perspektive der Lernenden, die im Mittelpunkt des Geschehens stehen, „.....Kultur" meint etwas Lebendiges, organisch Gewachsenes, das der Pflege bedarf und gestaltet, nicht aber technisch hergestellt werden kann."(http:// www.neue-lernkultur.de/neue Lernkultur.php?aspekt=washeisst)

1. Während vergangene Lernkulturen sich vorrangig auf die Sicherung der objektiven Bedingungen – der Festlegung von Standards, Studentafeln, Stufenab-

folgen der Bildung, Zertifizierungs- und Zulassungsfestlegungen – konzentrierten, sucht die neue Lernkultur sowohl von den Bedingungen wie vom Lernprozess her den Zugang in der *Subjektivität* des Lernens. Es ändert sich – ob nun begrüßenswert oder nicht – die gestalterische Subjektivität der Lebensführungen. Das Individuum wird das Lernen nicht mehr angetragen bekommen, wie jetzt noch z.b. durch Schulpflicht, Schulempfehlung, Umschulungen und Fort- und Weiterbildung angedacht, sondern es wird sich über weite Strecken seine Bildung in seiner Lebensführung selbst organisieren müssen und damit auch die Lebensführung einschließlich der beruflichen Karriere. Eine neue Lernkultur auf der Grundlage eines selbstorganisatorischen Lernens heißt nicht vorrangig ein Selbstmanagement der individuellen Lerntätigkeit – das sicher auch – , sondern die Sicherung einer Balance zwischen Lernen, gegenwärtiger und künftiger Lebensführung, Lernen , beruflicher Arbeit und außerberuflicher Tätigkeit und Gesundheit, was in der Diskussion mit dem Begriff der work-life-balance gefasst wird. Aus der Tatsache, dass Lebensführungen auch solche Beziehungen beinhalten, die nicht zweckrational fassbar sind, lässt sich schließen, dass nicht alles im Lernen und seiner Integration in die Lebensführungen der Zweckrationalität unterworfen wird oder unterworfen werden kann. Diese *Subjektivität* wird natürlich auch im Lernen selbst wirksam, was wiederum bedeutet, dass die Differenziertheit und Verschiedenheit in der Lernkultur selbst enorm zunimmt. Die neue Lernkultur wird nur wenige „allgemeingeltende" Zusammenhänge abbilden. Möglicherweise wird die Selbstbezogenheit des Lernens zu diesen Zusammenhängen gehören. Im Unterschied zu einem schranken- und hemmungslosen Subjektivismus haben wir in den vorangegangenen Abschnitten nachzuweisen versucht, dass es auch für das subjektive Handeln und eine entfaltete Subjektivität objektiver Rahmenbedingungen bedarf, wobei diese objektiven Verhältnisse vielfach das Ergebnis des subjektiven Handelns sind. Einmal subjektiv hervorgebracht, wirkt das Verhältnis auch für das Individuum, das sie erzeugt hat, als objektive Gegebenheit. Das Bekenntnis zur Subjektivität bedeutet insofern nicht, ein Lernen zu propagieren, aus dem Strukturen und objektive Bedingungen verschwunden sind.

2. Für die neue Lernkultur ist es wesentlich, dass Lernen nicht beiläufig, ein Lernen en passant ist, sondern absichtvoll und bewusst reflektiert verläuft. Die sich verändernde Lernkultur fordert auf allen Akteursebenen (Systeme wie Organisationen, Unternehmen, Institutionen; Gruppen oder Individuen) *Reflexivität*. Im Zentrum der Reflexivität steht die Reflexion über die eigenen Handlungsmöglichkeiten, -optionen und deren Erfolgschancen. Das Selbst ist zentraler Gegenstand der Reflexion, ohne dass daraus eine egomane Selbstbezogenheit gestützt werden soll. Diese *Selbstreflexivität*, insofern sie einem individuellen Subjekt zukommt, erfasst als Reflexivität des *Aktuellen* das Bewusstwerden der eigenen soziostrukturellen und biologischen Lebensbedingungen und -prozesse, die gegenwärtigen Handlungsprobleme, -konflikte und -dilemmata. Als Reflexivität des *Biographischen* muss sich das Individuum der bisherigen biographi-

schen Erfahrungen, Irrtümer, Irritationen, aber auch der bisherigen Erfahrungen mit potentiellen Partnern bewusst werden. In einer *antizipativen Reflexivität* würden die möglichen alternativen Optionen, die Zielbestimmungen, die Schätzungen der Erfolgsaussichten des Handlungsentwurfes und die Erfolgserwartungen vorweggenommen. Eine solche antizipative Kompetenz wird in einem Handeln umso bedeutsamer, dass durch Kontingenz, Vieldeutigkeit und Unberechenbarkeit bestimmt ist. *Ein Handeln in Unsicherheit bedarf – und das könnte der künftige Handlungstyp werden – eines reflexiven Lernens und darin eingebettet einer selbstreflektierten Selbstvergewisserung.*. Das Individuum, das sich nicht seiner selbst sicher ist, wird die Ungewissheiten und Unsicherheiten auch im Lernen nicht bewältigen können. Die Unsicherheiten werden zudem dadurch verstärkt, dass sich unter den Bedingungen einer reflexiven Moderne auch das Verhältnis zwischen intendierten Handlungszielen und nichtintendierten Nebenfolgen verschiebt. Die Bearbeitung der Nebenfolgen kann dabei nicht nur mehr Aufwand erfordern als das ursprüngliche Handlungsprogramm, sondern diese Nebenfolgen können effektive und effiziente Optionen enthalten. Lineare und nichtreflektierte Rationalitäts- und Ausdifferenzierungsvorstellungen wie sie noch in den Rationalitätsunterstellungen und Rationalisierbarkeitserwartungen der einfachen Modernen enthalten waren, geraten dabei ins Zwielicht.
3. Eine neue Lernkultur orientiert auf die *Dynamik* der Resultate eines selbstorganisierten Lernens. Die im selbstorganisierten Lernen angeeigneten bzw. erworbenen Kompetenzen sollen ermöglichen, sich schnell verändernden Rahmenbedingungen, wechselnden Anforderungsprofilen und widersprüchlichen komplexen Situationen anzupassen bzw. diese zu verändern und mit der Unbestimmtheit fertig zu werden. Das bedeutet die neue Lernkultur muss davon ausgehen, dass erworbene Kompetenzen wesentlich *kontextbezogen* sind, was wiederum spezifische Kompetenzarchitekturen erzeugt, die als Ordnungsgefüge fungieren können (z.B. das Grundlagenwissen, die Allgemeinbildung, die grundlegenden Kulturtechniken). Das Individuum in einer neuen Lernkultur wird sich dadurch auszeichnen (müssen), dass es zwischen den Architektur- ebenen pendelt, den Stellenwert der Kompetenzen wechselnd. Die Architektur ist kein starres Ordnungsgefüge mehr, sondern ein flexibles, dynamisches Gebilde, das der Nutzer neu zusammenfügt und konstruiert. Das System der Ordner ist kein perfektioniertes System, in dem die einzelnen Bestandteile oder Elemente einen festen Platz innehätten, sondern ein hoch dynamisches Gebilde. Es ist deshalb auch nur schwer vorstellbar, dass man ein solches System einfach entwerfen, der Öffentlichkeit anbieten und dann auf Mehrheitsbeschluss einführen kann. Diese kontextbezogene Kompetenzarchitektur lässt auch zur Vorsicht raten, wenn es um die Wertung von Lernkulturen von Gruppen oder Individuen geht. Welche Lernkultur welcher sozialen Gruppe die effektivere ist, den höheren Zuwachs an Erkenntnisresultaten bringt, eine wirksamere Integration in die Lebensführung ermöglicht, ist – bedingt durch die Kontextbezogenheit – weitgehend offen.

4. Mit der Orientierung auf die Selbstorganisation des Lernens rücken Lernfelder ins Blickfeld, in denen ein selbstorganisiertes Lernen bevorzugt stattfindet, wie z.b. in Unternehmen und Organisationen, in denen vor allem während der Arbeitsprozesse gelernt wird oder in der Alltagswelt des sozialen Umfeldes, in der politische Partizipation stattfindet. *Lebenswelten als Lernwelten* heißt ein international anerkanntes Projekt des Deutsche Jugendinstitutes München. Die Akzeptanz der *Lebenswelten als Lernwelten* bedeutet aber auch anzuerkennen, dass diese Lebenswelten in ihren Lernmöglichkeiten variieren, dass die Lernorte zerfasern, die Ränder erodieren. Es gibt Übergangs- oder Grauzonen, bei denen auf Anhieb nicht feststellbar ist, ob sie nun ein Lernort sind. Gegenwärtig erleben TV-Zuschauer eine Welle von Quizsendungen, für die Teilnehmer sicher ein Lernort, für die Zuschauer vielleicht weniger, aber auch durchaus auch ein möglicher. Vielleicht werden zukünftig viele Individuen gerade über diese Art Lernen und Bildung oder Halbbildung erwerben, ein Lamentieren über die Infantilisierung des Lernens hilft sicher nicht weiter.

Vorrangige Intention der neuen Lernkultur ist nicht die Ablösung der Formen, Lernorte, Lernresultate der alten Lernkultur, sondern die Verbindung, Synthese, Neustrukturierung der alten und neuen Lernkultur, die Analyse und Gestaltung der *Übergänge, Zwischenglieder, Vermittlungsformen*. Das Individuum wird lernen müssen, sich zwischen den sektoralen Feldern zu bewegen und es wird ein schöpferisches Moment der neuen Lernkultur im Suchen, Konstruieren, Zusammendenken entwickeln müssen. Einer solchen Intention entspricht der auffällige Trend in der Gestaltung gegenwärtiger Lernkulturen nach intermediären Vermittlungsleistungen in Agenturen, Netzwerken, Werkstätten, in denen Kooperationen angestiftet, angeregt werden und damit die Entgrenzung wieder habhaft gemacht wird.

Lebenswelten wie z.B. ehrenamtliche Tätigkeiten im sozialen Umfeld bieten auch Unternehmensleitungen, Personalabteilungen oder Dienststellen in zunehmenden Maße Möglichkeiten, auf die im sozialen Umfeld erworbenen Kompetenzen von Bewerbern zurückzugreifen, die diese sich außerhalb ihrer Erwerbstätigkeit erworben haben, manche der Unternehmer versuchen sogar den Wechsel zwischen verschiedenen Lernorten regelrecht zu institutionalisieren (z.B. in Switch-Programmen, in denen Mitarbeiter aus Betrieben für bestimmte Zeiten im sozialen Umfeld tätig werden).

Wie schon angedeutet, haben manche Länder Kompetenzpässe, Kompetenzportefolios oder Kompetenzbilanzen entwickelt, die den Arbeitnehmer gestatten, auf eigene Kompetenzen aufmerksam zu machen. Es gehört zum Erbe der tradierten Lernkultur sektorenartig zu lernen und das Gelernte in Schubfächer einzuordnen. Weniger ist die Fähigkeit ausgeprägt, den Transfer zwischen den in verschiedenen Handlungsbereichen erworbenen Kompetenzen vorzunehmen, die Grenzen zwischen den Sektoren zu überschreiten.

Tab. 9 Transfer von Kompetenzen bei Berufswechsel (nach Siebecke/Pelka 2004, S.212)
Allgemeine Berufskompetenz:
selbständiges Arbeiten
Kundenumgang
Verkauf
Personalführung
Kontaktpflege
Einblicke in die Strukturen eines Unternehmens
Nutzung von Hierarchien und Machtpositionen
Sozialkompetenz:
Kommunikation
Menschenkenntnis
interkulturelle Fähigkeiten
Methodenkompetenz:
Projektmanagement
Analytisches Vorgehen bei der Problemanalyse
Strukturiertes Vorgehen bei komplexen Bearbeitungsprozessen
Rechercheerfahrungen
Übergreifende „fachliche" Kompetenz:
Sprachkenntnisse
PC-Kenntnisse

Es wäre auch hier sofort wieder zu relativieren, dass die Kontextabhängigkeit einem uneingeschränkten Transfer Grenzen setzt, und tatsächlich kann man aus der Tatsache, dass jemand Wehrleiter der Freiwilligen Feuerwehr in seinem ländlichen Heimatort ist, nicht darauf schließen, dass er entsprechenden Führungskompetenzen für die Position des Abteilungsleiters besitzt. Aber es ist durchaus denkbar, dass in der kontextabhängigen Führungseigenschaft sich Basis- oder allgemeine Kompetenzen verbergen, die für die neue Leitungsaufgabe bedeutsam sein könnten.
5. Kompetenen als komplexe Dispositionen zur Selbstorganisation werden vor allem in einem Lernen erworben, dass sich des *kommunikativen Handelns bedient. Die neue Lernkultur wird eine Kommunikationskultur* sein.. Die immer jüngeren Teilnehmer der IT-Technologien lernen voneinander, in dem sie die Kommunikation suchen, z.B. um entsprechende Software oder weiterführende Techniken für sich zu erschließen. Sie fragen nach Zusammenhängen der Umweltbildung, nach Praktiken des Umgangs mit dem eigenen Körper oder lassen sich von Gleichaltrigen über Sexualformen beraten. Das TV bringt eine völlig neue Sprachkultur der Symbole, der Kürzel, der Stereotype. Ähnliches erzeugt heute der off-line-Betrieb des Internet. Es ist wieder eine Verkürzung zu meinen, dass sich dieses kommunikative Handeln auf ein normiertes Miteinandersprechen beschränkt, auch die Kommunikation ist entgrenzt und das wiederum führt dazu, dass insbesondere Jugendliche in vielerlei Sprachen miteinander kommunizieren. Vieles in der Kommunikation Jugendlicher verläuft z.B. in einem gestischen oder mimischen Kontext, die Symbolsprache wird immer reicher. Man muss nicht Habermas bemühen um festzustellen, dass die Kompetenz

zur Kommunikation eine sehr komplexe Kompetenz ist: Sie schließt z.B. die Bereitschaft ein sich dem anderen gegenüber zu öffnen, sich in die Lage des anderen zu versetzen und dessen Gesprächsbereitschaft einzuschätzen, dem anderen zuzuhören, seine Gedanken aufzugreifen und weiterzuführen, den Verlauf der Situation und den Kontext in seiner Bewegung zu identifizieren. Es wird wesentliches Moment auch schulischer Allgemeinbildung werden müssen, genau diese Kommunikationsfähigkeit zu entwickeln (vgl. Kap.8), aber diese Kommunikation wird die Vielfalt und Heterogenität der Sprachen zu berücksichtigen haben. Die neue Lernkultur wird zwar eine Kommunikationskultur sein, aber nicht alle werden in der Kommunikation dieselbe Sprache sprechen.

6. In der neuen Lernkultur werden die gewählte Methode, das methodische Vorgehen und die benutzten Mittel bevorzugter Gegenstand der Reflexion sein. Das Lernen zu lernen heißt sich der Methoden bewusst zu werden und sie einer zweckrationalen Analyse zu unterwerfen einschließlich der eigenen methodischen Kompetenz. Die Diskussion um die methodische Reflexivität ist nicht neu und fand schon im 19. Jahrhundert in der Kontroverse um materiale – inhaltsbezogene – und formale – methoden/formbezogene – Bildung seine Entgegensetzung. Nach Ansicht der Formalisten ist es letztlich gleichgültig, woran ich das abstrakte Denken – an der mathematischen oder grammatikalischen Abstraktion. – oder die Fähigkeit zur induktiven Verallgemeinerung auf Grund biologischer oder geologischer Daten erwerbe. Die Analogie krankt nur daran, dass die gegenwärtige Reflexion über die gewählten Methoden die Kontextabhängigkeit in die Reflexion mit einbeziehen muss und deshalb eine völlig anderes geartete Methodenbewusstheit ausgeprägt werden muss.

Die folgenden Einwände sollen zumindest nach der hier verfolgten Intention dazu führen, dass dieses Konzept der neuen Lernkultur nicht als eine Selbstverständlichkeit gefasst wird, die nur in dieser und keiner anderen Form auftreten kann.

Ein erster Einwand – besser gesagt eine einschränkende Bemerkung – gegen eine Hypertrophierung der Vorstellungen zu einer neuen Lernkultur resultiert aus den Vorstellungen, dass diese neue Lernkultur die "alte" ersetzen, ablösen, negieren würde oder solle. Wir wiederholen den Einwand, dass die beiden Begriffe „alt" und „neu" nur die Pole eines Kontinuums ausdrücken, zwischen denen vielfache Übergänge, Zwischenformen, Verbindungsglieder existieren, was mich letztlich zur der Feststellung führt, das die neue Lernkultur nicht die alte ersetzt, sondern beide nebeneinander bestehen, ineinander übergehen werden, Zwischenformen hervorbringen werden. Die traditionelle Lernkultur hat sich unter neuen Bedingungen noch nicht erschöpft, was u.a. Retardierungen, die Rückkehr zu Formen und Methoden einschließt, die man schon lange als verschollen angesehen hatte (Briefe schreiben, Tagebuch führen, einen Gesprächskreis gründen). Der traditionellen Lernkultur wird z.B. die Unterweisung zugerechnet, Aber eine genauere Analyse wird zeigen, dass auch die Unterweisung

eine Vielzahl von Elementen der vermeintlich neuen Lernkultur tragen kann, wie z.B.
- die Unterweisung zur Selbststeuerung am PC;
- die Einbeziehung von sog. Laien mit Hilfe von Unterweisungen
- die Formulierung der sog. „Hilfe"-Programme im PC;
- die Vermittlungen zwischen automatisierten Sprechfunkanlagen und Nutzern usw.

Es findet deshalb auch keine historische Entwicklung von einer „strengen" reglementierenden Lehrkultur zu einer „echten", befreienden Lernkultur hin statt. Beide Kulturen entwickeln sich wie Erpenbeck betont vielmehr evolutionär, d.h. veränderlich im Zeitablauf (2003, S.31). Die Individuen werden lernen, welche Formen sie aus der jeweiligen Kultur für sich in Anspruch nehmen und in ihr Lernarrangement aufnehmen. Es sind ihre Erfahrungen mit dem Lernen, u.a. auch die Enttäuschungen mit Mehrfachumschulungen, mit Pseudoausbildung in der vor- und überbetrieblichen Ausbildung, die ihre Lernkultur prägen.
Eine zweite einschränkende Bemerkung bezieht sich auf die gängige Fassung des Begriffs als „Ausführungsprogramm" von Sozietät. Es ist mit hoher Wahrscheinlichkeit auch S. Schmidt und den Nutzern seiner Definition klar, dass Kulturen im allgemeinen und eine neue Lernkultur im besondern nicht nur "Ausführung" und ein vorgegebenes-„Programm", sondern im hohen Maße „zielsetzend", „Optionen suchend", "schöpferisch produktiv" sind. Kulturen, auch wenn sie ordnen, bleiben offen und schöpferisch und führen nicht nur aus. Es könnte geradezu Merkmal von Lernkulturen sein, die eine Rückkehr der Unsicherheit begleiten, dass sie auf ein Neues orientieren, das unbekannt ist oder lernend erfunden werden muss. Insofern eröffnet eine solche veränderte Lernkultur Räume für Entdecken und Erfinden, oder sie ermöglicht solche Prozesse. Das Neue ist unbekannt und lernend zu erfinden (Geissler 2003, S.52). Schäffter formuliert sehr überzeugend (1998, S.74): "die zieloffene Transformation in Form von Suchbewegungen und Selbstvergewisserungen, mit der Gefahr sich auf die eigene Erfahrung einzulassen, ist ein Vergnügen, dass nur durch die Abwesenheit des Pädagogen möglich ist", wobei die letzte Aussage vorerst unkommentiert bleiben soll. Zukunftsorientiert zu sein, heißt zukunftsoffen zu sein, ohne dass mit dieser Offenheit irgendwelche Erwartungen oder Hoffnungen verbunden sein sollten. Insofern ist es eigentlich auch vermessen, zum gegenwärtigen oder auch zu einem späteren Zeitpunkt ein Bild von einer neuen Lernkultur zeichnen zu wollen. Das Bild hat sich schon überholt, wenn der Stift angesetzt ist. Es sei nur noch einmal wiederholt, dass die starke Betonung des dynamischen Charakters der neuen Lernkultur und die richtige Feststellung, dass Kulturen nicht einfach steuerbare Trivialmechanismen, sondern komplexe, eigenlogisch sich entwickelnde, selbstorganisatorische soziale Systeme sind, Bildungspolitik nicht dazu verführen sollte, das strukturelle Moment – die lernfördernden Strukturen - der neuen Lernkultur mehr oder weniger bewusst zu vernachlässigen.

Der entscheidende Einwand gegen eine Hypertrophierung einer neuen Lernkultur erwächst aber vor allem aus einer humanistischen Perspektive gegenüber der Gefahr der Ökonomisierung und der wachsenden Bildungsbenachteiligung für einzelne Bevölkerungsgruppen. Das Konzept der neuen Lernkultur könnte auch eine Gefahr für das Projekt der Zivilgesellschaft enthalten, indem es eine falsch verstandene ökonomische Rationalität als Inbegriff von Rationalität überhaupt setzt und auf die Kalkulation des ökonomischen Nutzens beschränkt (Mittelstraß 2000, S.57). Selbst die Einladung zum Davoser Weltwirtschaftsforum formuliert die Aussage: Die Menschen wollen „sicherstellen, dass sie eher in einer Gesellschaft als nur in einer Wirtschaft leben. Falls politische und Wirtschaftsführer dieses Bestreben nicht voll berücksichtigen, wird dies unweigerlich zu einem Popular Backlash in vielen Teilen der Welt führen" (www.smd.ch/cgi-bin/ta/smd-doc.cgi?). Die Forderung nach einer neuen Lernkultur könnte auch ein Menschenbild implizieren, das auf einen für die „Markterfordernisse gedrillten und jederzeit umstellungsbereiten Lernautomaten" (Ruloff 1998, S.20) zielt. Es wird dabei übersehen, dass Bildung nicht nur eine Wissens-, sondern eine Lebensform ist, ein Inbegriff gelingenden Lebens in einer humanen Gesellschaft.

Damit besteht auch die Gefahr, dass die Hypertrophierung der neuen Lernkultur der Gesellschaft eine neue „alte" Teilung aufdrängt? Für die zu erbringende Kompetenz der Selbstorganisation bringen die einzelnen sehr verschiedene Voraussetzungen mit. Für die Fähigsten, für die Kompetentesten könnten sich durch die Selbstorganisation Handlungsoptionen und Zukunftschancen erweitern, aber für die Mehrheit das Risiko des Scheiterns verstärken. Die Vereinigung der Bayrischen Wirtschaft formuliert in dem schon erwähnten Papier, dass „...der Gedanke der Chancengleichheit durch den Gedanken der Chancengerechtigkeit ersetzt werden muss, da die Ausbildungschancen sich an den individuellen Lernmöglichkeiten orientieren müssen und nicht an der fiktiven Erreichbarkeit der Abschlüsse für alle." (S.16). In ähnlicher Weise können sich folgende Formulierungen lesen lassen: "keine Nivellierung nach unten durch leistungsunabhängige "Gleichheit" (S.15) oder „vertikale und horizontale Durchlässigkeit für Leistungsfähige" (S.15) oder "die Finanzierung der individuellen Ausbildung ist sukzessive auf die Bildungsunterstützung von sozial schlechter Gestellten, aber Leistungsfähigen zu reduzieren"(S.8). Insofern setzt sich der Begriff der Lernkultur mit dem Impetus der Selbstorganisation des Lernens auch dem Vorwurf aus, ein ideologischer Begriff zu sein, der dem privaten Individuum das Risiko des Scheiterns überträgt, den Staat und die Öffentlichkeit aber von jeglicher Verantwortung für die Gestaltung der gesellschaftlich-strukturellen Voraussetzungen des Lernens entlastet. Der Verweis darauf, dass es der Markt schon richten wird, wenn entsprechende Strukturen fehlen, lassen nur einen weiteren Einwand aufkommen, dass Bildung und Lernen zu einer Ware werden, die nicht mehr nach dem Gebrauchswert realisiert wird, sondern nach einem Marktwert, der zudem dem Gebot einer Gewinnmaximierung unterliegt. Insofern könnte eine neue Lernkultur in einem hohen Maße für die Expansion des Marktes anfällig sein und damit in einen unlösbaren Gegensatz zu einer humanistischen Bildungsidee werden (Lohmann/Rilling 2002, Anm.7). Skeptiker werden an dieser Stelle sofort einwenden, dass es diese eben geschilderte traditionelle Lernkultur gar nicht mehr gibt, die gegenwärtige Lernkultur in unserem Lande schon lange nicht mehr homogen ist, sondern sich vielfältige Lernkulturen und vielfache regionale, soziale oder geschlechtliche Differenzierungen herausgebildet haben, die z.T. auch institutionalisierte Formen finden, wie die obigen Beispiele zeigen. Internationale Kultureinflüsse zeichnen sich ab, die Grenzen zwischen "alter" und „neuer" Lernkultur sind nicht erkennbar, und – mit unseren hier vorgestellten Anschauungen übereinstimmend – sie entgrenzen sich selbst. Aber wir hatten auch bei der Entgrenzung schon festgestellt, dass die neue Lernkultur auch die Gefahr in sich trägt, alte und neue gesellschaftliche Teilungen zu verstärken.

Der folgende Einwand ist der vielleicht argumentativ schwächste, weil emotional geladen und individuell bestimmt. Die mit der neuen Lernkultur verbundene Ordnungsproduktion in einer zunehmend sinnlosen und unordentlichen Welt führt zu einer Hypertrophierung des Selbstzwangs, der Selbstdisziplinierung, des Zwangs zur Selbstorganisation. Die Befreiung vom institutionalisierten Druck und entsprechender Kontrolle war offensichtlich nur um des Preises von gesteigertem Selbstzwang und Selbstkontrolle zu erreichen. Bei Foucault findet man die Metapher: Natürlich konnte man die Individuen nicht befreien, ohne sie zu dressieren. Der Fluch der neuen Lernkultur könnte es sein, lebenslang das Defizit des eigenen Lernens zu erleben, zum Lernen permanent genötigt zu werden und nie die Souveränität des eigenen Handelns zu erleben. Geissler spricht von den Lernnomaden (2003, S.50), die zumindest für sich in Anspruch nehmen könnten, unabhängig zu sein. Aber auch das wäre ein Trugschluss, denn indem man alles tut, um über Bildung/Lernen autonomer zu werden, wird man von Bildung immer abhängiger. Der Einwand ließe sich verstärken, wenn man darauf verweist, dass es gegenwärtig Anzeichen dafür gibt, dass sich in der Öffentlichkeit Normen und Werte durchzusetzen scheinen, die diese Selbstreflexivität auf eine Selbstbezogenheit reduzieren, die das andere Individuum ignoriert. „Die Hauptsache, ich bin von mir selbst begeistert", lautete unlängst eine Titelzeile. Insofern würde die neue Lernkultur unter dem Vorzeichen der Selbstorganisation einen Trend in der Gesellschaft stärken, der zu einer krankhaften Selbstbezogenheit führt. Der Zwang nicht nur zur Selbstkontrolle, sondern auch zu einer ständigen Selbstinszenierung auf der Bühne des Marktes lässt den taktischen Egomanen zum Typus werden.

8. Die „Neue Lernkultur" in der Schule

Das letzte Kapitel fragt nach den Möglichkeiten einer neuen Lern- und Lehrkultur an der Schule. Der Begriff – ursprünglich aus der Erwachsenenbildung stammend –scheint mit seinem Merkmal des Selbstorganisatorischen dem Sinn von allgemeinbildender Schule zu widersprechen, in der es doch vor allem darum geht, Grundlagenbildung zu vermitteln Der Beitrag verweist nicht nur auf die vorbereitende Funktion, die Schule in bezug auf die Selbstorganisationskompetenz des Erwachsenen zu leisten hat, sondern sieht in Schule selbst ein Feld, in dem wesentliche Kompetenzen der Selbstorganisation entwickelt werden. Er deutet allerdings auch Widersprüche an, die eine neue Qualität des Pädagogischen fordern, wie die zwischen Führung und Selbsttätigkeit, individuellem und gemeinschaftlichem Lernen, Lernen in der Schule und in der Freizeit, Pflicht und Interesse am Lernen.

8.1. Entgrenzungen der schulischen Lernkultur

Der Einwand, dass die Diskussion um Entgrenzungen für die Schule irrelevant sei, wird durch die gegenwärtige Realität an den Schulen selbst widerlegt. Unter unterschiedlichen Überschriften und in verschiedenen Projektzusammenhängen vollziehen sich solche Entgrenzungen auch an Schulen. Es entstehen vielfältige Formen eines veränderten Lernens wie z.B. Lernwerkstätten, Projekte, Netzwerke, Lerninseln, Aktionswerkstätten, Aktionsgruppen in offenen Werkstätten "Arbeitswelt", Lernnetzwerke, die Projekte des „Produktiven Lernens", Rahmencurricula mit „Lernpaketen". Kollegien, Schulleitungen, Lehrer entwickeln oder folgen programmatischen Konzepten wie „die ganzheitliche Beratung des Lernens", "individualisierte Lernarrangements", "Dialogische Schulentwicklung", „Beziehungslernen", "entdeckendes, forschendes und genetisches Lernen", die Schlüsselwörter für eine breite Bewegung ausdrücken, die auch Scheitern, zeitweilige Retardierungen, Vorläufer einschließt. Entgegen verbreiteter Ansichten über die Starrheit und Unbeweglichkeit der schulischen Institution und der sie tragenden Lehrer sehe ich die Schullandschaft in unserem Lande in einer intensiven verändernden Bewegung. Die Veränderung der Schule – ob als Reform bezeichnet oder nicht – ist im Gange, sie ist vielleicht anders geartet als erwünscht und konzentriert sich möglicherweise auch nicht auf die zentral fixierten und verordneten Projekte, wie z.B. die Ganztagsschulen, aber sie entwickelt sich als eine Bewegung "von unten", als eine Selbstorganisation pädagogischen Denkens, um die *Vielfalt des Lernens neu zu verbinden.*
Die nachfolgende Übersicht nennt einzelne Wörter, um einerseits an die Kontinuität zu erinnern, in der die gegenwärtige Bewegung steht, andererseits auf die Vielfalt gegenwärtiger Reformanstrengungen zu verweisen:

Abb. 7 Reformpädagogische Traditionen und gegenwärtige Modelle des entgrenzten Lernens

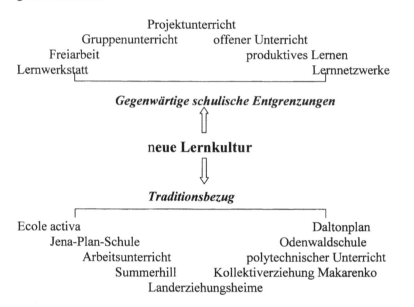

Nach http://www.learn-line.nrw.de/angebote/agenda 21schulen/medio/ Arbeitshilfen/lernNe

Analog zum Wandel der Arbeit erfährt Lernen in der Schule eine Neubewertung, Neustrukturierung, Neuverteilung, deren Grundintention der Übergang des Lernens zu einem selbstgesteuerten und selbstorganisierten Prozess ist, in dem der Schüler zunehmend Verantwortung für sein Lernen und seine Lernergebnisse trägt, in dem er diesen Prozess für sich arrangiert und selbst kontrolliert. Es gibt eigentlich keinen Bereich schulischen Lebens, der nicht von dieser Bewegung erfasst würde, und es sind die oft geschmähten Lehrer, die sich enthusiastisch immer wieder erneut auch im x-ten Jahr ihrer Berufstätigkeit Experimenten stellen, neuen Methoden folgen, gemeinsam mit veränderten Schülern neue Wege in der Gestaltung ihrer Beziehungen gehen: Muss man nicht fragen, ob mit der neuen Lernkultur vielleicht die Reformpädagogik und die Humanistische Pädagogik des vergangenen Jahrhunderts – die originellen Denker an den Rändern durchaus eingeschlossen – in der Postmoderne ihre Entfaltung finden. Lernkultur wird offensichtlich auch im Alltag immer stärker als eine Lernkultur gedacht, die Teil der Lebensführungen ist und nicht nur ein pflichtgemäß abzuleistender Dienst. Es war z.B. ein enormer Lernprozess der Eltern in Ostdeutschland, den Schulbesuch nicht nur nach dem zu besuchenden Schultyp, sondern auch die konkrete Schule oder Kindertagesstätte auszuwählen und dabei den

Anspruch der Schule, das Lernangebot, die außerschulischen Möglichkeiten berücksichtigen zu müssen. Die erzwungene Bereitschaft von Eltern finanzielle Belastungen auf sich zu nehmen, spricht dafür, dass Eltern Bildung auch als „Holschuld" des Individuums sehen, für die sie die Auswahl treffen (Schimmerl 2002). Moderne Sprachbildung ist heute weitgehend individualisiert, indem Kinder und Eltern sich die Sprachaufenthalte, die Beteiligung an Sprachlagern, den Besuch von Internationalen Schulen selbst organisieren. Auch die Freizeitbildung überlassen heute immer weniger Eltern dem Zufall des Angebotes der Schule, sondern sie organisieren sehr frühzeitig Freizeitkarrieren und deren soziale Beziehungsstrukturen, um ihren Kindern entsprechende Bildungsmöglichkeiten zu geben.

Die Akzente in der Herausbildung einer solchen Kompetenz des Selbstlernens sind sicher altersbezogen unterschiedlich und reichen von radikalen Schulverweigerungsprojekten wie die Kulturinitiative Hupfauer aus Österreich, die eine konsequente Entschulung betreibt (Klemm 2001), bis hin zu einer Ermöglichungsdidaktik im Sinne von Arnold und Schüßler 1998.
In der Grundschule könnte es vor allem darauf ankommen, die Freude am Lernen zu erhalten bzw. herauszubilden. Diese Freude entsteht nachhaltig vor allem durch Leistungsanstrengung und das dadurch erreichte Resultat der Aneignung, was wiederum einschließt, jedem Kind dieses Erlebnis erfolgreicher Leistungsanstrengung zu ermöglichen. Das Fahnenwort PISA könnte vielleicht nicht nur auf ein Kompetenzdefizit verweisen, sondern auch auf einen Mangel an Denkanstrengung, und es wäre äußerst verhängnisvoll, wenn die Diskussion zu einer neuen Lernkultur in einen Gegensatz zur Diskussion um die Leistungsqualität schulischen Lernens geriete. Die Kompetenz zum selbstorganisierten Lernen als Kern neuer Lernkulturen fordert Anstrengungsbereitschaft. Die Freude am Lernen im Kindesalter zu erhalten, verlangt allerdings auch, ein schulisches Lernen zu fördern, in dem Erkunden, Entdecken, Suchen, vielleicht auch Irren gepflegt wird. Peter Gasser (Neue Lernkultur. Eine integrative Didaktik. Aarau 1999, 64ff, nach ttp://www.dagmarwilde.de lernen lernkultur1.html) formuliert für die Grundschule unter der Überschrift "Um selbstgesteuert, aktiv zu lernen, müssen Lehrende Lernende dabei unterstützen:
- ihr Lernen vorzubereiten,
- Lernhandlungen auszuführen,
- ihre Lernhandlungen zu regulieren,
- ihre Leistungen zu bewerten,
- Motivation und Konzentration zu erhalten.
In den höheren Klassenstufen kommt es offensichtlich stärker darauf an – bei Wahrung einer unverzichtbaren Allgemeinbildung – die selbständige Zuwendung zu Lerninhalten, die selbständige Bewegung in außerschulischen Lernfeldern zu pflegen und zu ermuntern, die Eigenverantwortung für die Sicherung der

Lernergebnisse auszuprägen und die Fähigkeit zur arbeitsteiligen Lernkooperation zu pflegen und die Kompetenz zur Selbstreflexion zu entwickeln.
In der gymnasialen Oberstufe führen der fächerübergreifende Unterricht, der Projektunterricht oder die Berufsorientierung nicht nur an neue Lerninhalte heran, sondern lassen wiederum methodische Erfahrungen bei komplexen Problemlösungen und handelnder Auseinandersetzung mit gesellschaftlichen Praxissituationen bewusst werden. Wissenschaftspropädeutisches Lernen könnte dazu mit den Erfahrungen aus der Lebenswelt der Schüler verbunden werden.
Wiederum anders wird sich die Lernkultur der Weiterbildung darstellen, wobei manche der dort vorgestellten Ideen in allen Lernphasen nutzbar sind. Eigenverantwortliches Lernen und Selbstlernkompetenz sind so zu entwickeln, das bei Bedarf selbständig weitergelernt werden kann. Ein Merkmal dieses Lernens sind z.b. zeitliche und inhaltliche Möglichkeiten, sich mit der eigenen Rolle als Lerner auseinander zu setzen. Als neue reflexive Lernformen werden z.B. genannt (Schmidt 2004):
Die Lerndiagnosebögen zur Bilanzierung der Lernsituation und der eigenen Kompetenzen, das Lerntagebuch um den persönlichen Lernstand und vor allem den Lernfortschritt festzuhalten, der Entwurf von Lerngeschichten als Weg, sich vielfältige Lernwelten zu erschließen, Lernkonferenzen als Ort, die eigenen Lernprozesse in der Gruppe zu reflektieren und Beratung abzurufen.

Dieser Prozess der stärkeren Betonung des Selbstlernens auch in der Schule ist in vollem Gange. Nun lässt sich sofort einwenden, dass Lernen auch in der Schule immer ein durch das Individuum selbst vollzogener und letztlich selbstgesteuerter Prozess ist, auch wenn ein sich bemühender Pädagoge Stoff verkündet. Lernen besteht nicht in der additiven Akkumulation irgendwelcher Informationen, sondern ist zunächst und vor allem ein individueller subjektiver Prozess, bei dem Wissen interaktiv in Form innerer Repräsentationen der Welt selbsttätig gebildet und verarbeitet wird (Lipski 2001, S.5). Die letzten Formulierungen des vorangegangenen Satzes enthalten eigentlich schon eine Antwort. Das pädagogische Streben einer Neugestaltung des Lernens geht danach, ob und wie der Schüler interaktiv wird, ob er die Chance hat, die innere Repräsentationen der Welt selbsttätig zu bilden und ob und wie er das Angebot seiner Umwelt verarbeitet.
Viele der gegenwärtigen pädagogischen Ansätze haben ihre Vorläufer in reformpädagogischen Traditionen und bei genauer Betrachtung finden sich auch beim Einsatz von Computern zur Unterstützung von Lernen traditionelle Formen der programmierten Unterweisung und eines kurzschrittigen Reiz-Reaktions-Lernens. Nicht alles was als neue Lernkultur erscheint, ist auch tatsächlich neu, und nicht alles was traditionell ist, muss lernhemmend oder - destruierend sein.
Der gegenwärtige zu erlebende Reformschub führt zu einer Palette an Lernmöglichkeiten, bei der es eigentlich weniger darauf ankommt, neue zu ersinnen oder

sich alter zu erinnern, sondern die Lernmöglichkeiten auf neue Weise *zu verbinden*. Die Chance und der Anspruch an die zu entwickelnde neue Lernkultur in der Schule ist die Neustrukturierung, die Ordnung, das Bemühen, dass aus den neuen Verbindungen auch eine Kultur entsteht, in der die ordnenden Werte ein fließendes System bilden. Es bildet sich gegenwärtig eine widersprüchliche Vielfalt reformorientierter Konzepte in der schulischen Realität heraus, in der die Konzepte „von unten" auch tatsächlich umgesetzt werden. Es entsteht eine sich selbstorganisierende Bewegung pädagogischen Handelns, die einen Reichtum an pädagogischen Ideen erzeugt, sicher aber auch alle Chancen und Risiken einer Selbstorganisation trägt.
Um einerseits auf die sich verändernde Lernwelt in der Schule aufmerksam, andererseits die eigenen Positionen sichtbarer zu machen, werden im folgenden drei Lernfelder ausgewählt, dargestellt und auch kritisch kommentiert: Das Beispiel des Methoden- und Kommunikationstrainings Heinz Klipperts zeigt zudem, wie rasch sich einzelne Tendenzen in der Entwicklung der neuen Lernkultur verselbständigen (z.B. die Methodenbewusstheit) und sich die Handlungsorientierung von den Inhalten lösen kann.

Das Konzept des Produktiven Lernens
Das Konzept wird ab 1996 in 12 Berliner Schulversuchen und drei Pilotprojekten der außerschulischen Jugendbildung erprobt, in der Zwischenzeit in vielen Bundesländern eingeführt und vom Institut für Produktives Lernen in Europa)IPLE) über sieben Jahre begleitet. Es ist dem Gedanken verpflichtet, „von der Tätigkeit zur Bildung" zu führen und versteht sich als Alternative zum fächergegliederten Unterricht. Im produktiven Lernen bilden sich die Lernenden aus der produktiven Tätigkeit heraus, sie gewinnen aus ihrer Tätigkeit die Erfahrung zu dem, was sie können bzw. nicht können, und auch dafür, was sie interessiert und was weniger, ihr Lernen ist ressourcen-, weniger defizitorientiert. Das produktive Lernen nutzt die gewonnenen Kompetenzen im Umgang mit den Dingen als Ausgangspunkt für die Erstaneignung, aber auch zur Erweiterung und Vertiefung von Kompetenzen. Der Prozess ist als Bildungsweg angelegt, der aus produktiven Tätigkeiten "im wirklichen Leben" entsteht und im Rahmen von Gruppen organisiert ist, die von Pädagogen/innen unterstützt werden(www.produktives Lernen-hellersdorf.de jean-piaget). Gegenstände der produktiven Tätigkeit sind so unerschöpflich wie die Realität selbst: Videofilm herstellen, Möbel bauen, ein Schülercafe gestalten und führen; Tiere auf einem Bauernhof pflegen, in einem Tierheim arbeiten, an der Wiederaufforstung teilnehmen. Die Einwände hinsichtlich der fehlenden Theorienähe werden durch die Initiatoren der Bewegung nachvollziehbar widerlegt:
Das Problem besteht insofern vielleicht weniger in der ungenügenden Theorie – Praxis oder Bildung – Praxis–Beziehung, sondern vielleicht stärker in der Zufälligkeit des Angebots der Praxisplätze, der daraus resultierenden unüberschau-

baren Differenzierung, des Verhältnisses von Laien und professionalisiertem pädagogischen Personal. Unabhängig von diesen Einwänden wird aber sichtbar, dass mit dem produktiven Lernen ein Ansatz vorliegt, eine verändertes Lernen zu ermöglichen.

Die Vorgabe des Kultusministeriums Sachsen-Anhalt für den Schulversuch deutet eine Einschränkung an, mit der das Konzept offensichtlich in vielen Einrichtungen verbunden wird. „Produktives Lernen formuliert einen Bildungsansatz, der Allgemeinbildung mit individueller Berufsorientierung verbindet.... Ziel ist es, die Schülerinnen und Schüler zu einer eigenverantwortlichen Gestaltung des Bildungsprozesses zu befähigen. Zielgruppe sind Schülerinnen und Schüler, die im herkömmlichen Schulsystem wahrscheinlich keinen Abschluss erreichen werden, obwohl sie die Fähigkeit dazu besitzen. Die Teilnahme ist freiwillig." (www1.sachsen-anhalt.de/presseapp/data/mk/2003/007_2003.htm).

Diese Beschränkung auf die abschlussgefährdeten Schüler führt dazu, dass verschiedene Länder das Konzept auch in Schulschwänzerprojekten einsetzen. Das Beispiel von Sachsen-Anhalt, in dem der Modellversuch sich noch in der Vorlaufphase befand, orientiert auf die Bildung von Lerngruppen mit 16-24 Schülerinnen und Schülern, die nicht mehr als vier Minderleistungen aus dem ersten Schulhalbjahr mitbringen, die Auswahl und Aufnahme erfolgt durch eine Empfehlung der Klassenkonferenz. An drei Tagen in der Woche lernen die Teilnehmer an selbst gewählten Praxisplätzen. Bei diesem Lernen in der Praxis erkunden die Schülerinnen und Schüler verschiedene Berufsfelder und bearbeiten spezielle Lernaufgaben aus einem individualisierten Curriculum, sie werden angehalten sich dabei nicht nur fachliches Wissen anzueignen, sondern Berufsvorstellungen zu entwickeln, zu konkretisieren oder auch zu verwerfen. An zwei Tagen in der Woche findet der Unterricht in einer Lernwerkstatt statt: Die Stundentafel umfasst 31 Wochenstunden. Die Stundenanteile für Deutsch, Englisch, Mathematik und Sozialkunde entsprechen denen der Sekundarschule.

Die Idee wurde in der City-As-School in New York entwickelt, und in der „Stadt als Schule" Berlin ausdifferenziert, das pädagogische Konzept des Produktiven Lernens machte es schulreif. Grundgedanke des Produktiven Lernens ist es, dass sich die Schüler (allerdings der Sekundarstufe I und II) gezielt an selbstgewählten Orten der Gesellschaft häufig in beruflichen Situationen, aber auch in gemeinnütziger Tätigkeit, der Tätigkeit in Schülerfirmen und der Selbsthilfe in der Schule Erfahrungen aneignen, die neben den Einsichten in den produktiven Vollzug „...die Nutzung aller geeigneten kulturellen Überlieferungen natürlich auch der Schulfächer, und aller Lernmethoden ermöglicht, um die eigene Tätigkeit und ihre Bedingungen und Umstände zu reflektieren und die eigenen Handlungskompetenzen zu erweitern" (Verlagstext Schneider Frühjahr 2004).

Das Konzept des Methoden- und Kommunikationstrainings (EVA=EigenVerantwortliches Arbeiten) und der Pädagogischen Schulentwicklung (PSE) nach Heinz Klippert

„Spickzettel sind ganz wichtig". In einer 5.Klasse will der Lehrer gemeinsam mit den Schülern erarbeiten, wie man sich auf eine Klassenarbeit vorbereitet. Es geht eine ganze Woche um Methodenschulung nicht um Stoffvermittlung. Die Schüler schlagen – nachdem sie ihrerseits Erstaunen über das ungewöhnliche Thema überwunden haben – Methoden, Tricks, Kniffe vor. Ums rechte Lernen, um Arbeits- und Kooperationsformen drehen sich alle Trainingsstunden in dieser Woche, die nicht gegen den Fachunterricht und den Stoff, aber sehr wohl gegen ein Pauken für ein Kurzzeitgedächtnis, das Wiederkäuen von Buchseiten, das Wiederholen von vorgeschriebenen Merksätzen gerichtet sind (ww.fherrgen.de /zeitung. Süddeutsche Zeitung).

Die Einführung des Euros, 10. Klasse.
Die Lehrerin verteilt Zettel mit den wichtigsten Informationen über die neue Währung. Es sind vier Papiere, die unterschiedlich strukturiert sind. Einige sind schwer, andere leichter zu verstehen. Jeder Schüler unterstreicht die wichtigsten Information auf seinem Zettel. Im nächsten Schritt arbeiten die Schüler, die über gleiche Papiere verfügen, in Kleingruppen zusammen. Sie tauschen Informationen aus, erläutern sich gegenseitig unverstandene Stellen. Im dritten Schritt werden die Gruppen neu gemischt – der Lehrer bleibt immer noch im Hintergrund. Jetzt sitzen Schüler mit unterschiedlichen Papieren zusammen, jede Gruppe entwirft ein Gesamtprodukt über den Euro, das alle wichtigen Informationen bündelt u.a. ein Vortrag, ein Plakat, eine Befragung, eine Stellwand.. Die Vorschläge werden diskutiert, das vorstellende Team erhält wie auch der vorstellende Schüler eine Note.(www.hasi.s.bw. schule.de/lehr114). Der Lehrer ist nicht mehr Imperator, sondern Moderator.

Das Konzept der Vereinbarung/des Lern- oder Erziehungsvertrages in der Schulkultur (Volker Krumm/Susanne Weiß: Der ungerechte Lehrer)
Die vor allem in Österreich praktizierte Form des Lehrens findet sich auch in den Schulverfassungen einzelner deutscher Bundesländer als Angebot wieder. Die Vereinbarungen sollen bislang hoheitlich geregelte rechtliche Vorschriften durch zwischen den Akteuren vereinbarte Normen ersetzen. Die Vereinbarung zwischen Schülern und Lehrern/aber auch Eltern ist ein Dokument, in dem die beteiligten Subjekte Absprachen zu Lernzielen, -inhalten und -schritten wie auch Verhaltensweisen und Unterstützungsformen treffen. Der Vertrag dient dazu, auch die Aufgaben des Pädagogen zu explizieren und zugleich die grundsätzliche Interessenübereinstimmung zwischen den Beteiligten bewusst zu machen. Als Teil einer bestehenden und/oder zu entwickelnden Schulkultur/Lernkultur sollen die sozialen Beziehungen zwischen den Schülern, den Schülern und Päd-

agogen auf freiwilliger Basis vereinbart werden. Durch die Vereinbarung soll eine öffentlich kontrollierte, transparente und individuell verantwortete Verrechtlichung konstituiert werden. Als Nebeneffekt soll der Pädagoge aus individuellen Konfliktbezügen herausgenommen werden und ihm die Reaktion als reflektierende Institution ermöglicht werden. Die angestrebte Konfliktschlichtung neutralisiert die Opfer – Täter – Beziehung im Interesse eines sozialen Ausgleichs. Skeptikern sei entgegengehalten, dass in Klassen schon immer informell vereinbarte Normen existierten, mit denen abweichendes geächtet und konformes Verhalten bekräftigt wurde.

Die folgende Gegenüberstellung trägt wieder die schon kritisch reflektierte Polarität, lässt aber die Gegensätzlichkeit in der zu entwickelnden Lernkultur sichtbar werden:

Tab. 9 Die Gegenüberstellung von Ordnungs- und Vertragskultur

tradiert	*entgrenzt*
Ordnungen (Schul-, Haus-, Pausenordnung) ⟹	Vereinbarungen und Verträge
fremdorganisiert ⟹	selbstorganisiert
Fremdverpflichtung ⟹	Selbstverpflichtung
Alltagszwänge ⟹	gemeinsame Ziele
Ungleichheit ⟹	Vereinbarung der Gleichheit
routinebestimmter Zwang ⟹	Freiwilligkeit/Wahlmöglichkeit
Verordneter Regelgebrauch ⟹	bewusste gemeinsame Regelentwicklung
Obrigkeitsstaatlich ⟹	moralischer Konsens (u.a. über den Wert von Verträgen)

Die pädagogische Intention zielt darauf, mit der Vereinbarung und deren Realisierung *Grenzen durch die am Lernen beteiligten Subjekte gemeinsam zu setzen:* Dazu gehören u.a.
- die Analyse der entstandenen Konfliktsituation und die Erörterung der Frage, ob eine Vereinbarung geschlossen werden sollte,
- die Erarbeitung der Vereinbarung, in die plausible Vorschläge aller beteiligten Seiten eingehen sollten, damit sich in der Vereinbarung die Schüler selbst wiedererkennen können;
 die Diskussion, wie bei Verstößen zu verfahren ist, und welche Sanktionen bei Verstößen eingesetzt werden sollten/können/müssen;
- die terminliche Vereinbarung der Rechenschaftstermine im Vertrag;

- die öffentliche Sichtbarmachung der Vereinbarung;
- der erinnernde Rückgriff auf die getroffenen Vereinbarungen bei entstehenden Konflikten;
- die Sicherung der öffentlichen Rechenschaftslegung beider Vertragspartner über den erreichten Stand.
(Krumm, Volker: Vereinbaren oder anordnen. www.bundeselternrat.de/ vortraege/krumm1_11.03 pdf; Krumm,V.,Weiß, S.: Ungerechte Lehrer. www.learnline.nrw.de/angebote/ schulberatung/main/ downloads/ krumm_ungerechte _ lehrer. pdf).

8.2. Widersprüche in der Herausbildung neuer Lernkulturen
Die Herausbildung der neuen Lernkultur in der Schule stellt sich als ein zutiefst widersprüchlicher Prozess dar, der offen ist und gegensätzliche Entwicklungsoptionen enthält. Diese Widersprüchlichkeit bedingt auch, dass es den „Goldenen Weg" nicht gibt, den es zu finden gälte und der dann nur noch effektiv zu gestalten werden brauchte. Insofern sind viele Schuldzuweisungen an Politik oder politische Zuordnungen 'konservativ',' liberal', 'progressiv' oder 'demokratisch',' human' oder 'antihuman' zu sein - so berechtigt sie in vielen Zusammenhängen auch sein mögen - nicht immer zutreffend. Die nachfolgende Übersicht (Tab.9)deutet eine Reihe von Widersprüchen an, die wiederum wie in den Tabellen des Lernens und der Lernkulturen nicht als unvereinbare Gegensätze, sondern als Intervalle mit Übergängen und Koexistenzen gedacht sind. Diese Form dialektischer Betrachtungsweise kann den Eindruck der nichtssagenden Unverbindlichkeit erwecken und eine Flucht vor Standpunktbildung vermuten lassen. Aber es ist nicht das fehlende Sichfestlegen, sondern das objektive Nichtfestgelegtsein. Die Realität verharrt in Unbestimmtheit und Offenheit.

Da es nicht möglich sein wird, alle diese Widersprüche zu erörtern, soll diese Spannung nur an einigen Beziehungen erörtert werden:
Das *Leistungsprinzip* und die damit verbundene Anstrengung gelten auch uneingeschränkt für ein selbstorganisiertes Lernen in einer neuen Lernkultur. Wie anders sollte das Kind Bestätigung seiner selbst erfahren als durch die Bestätigung seiner Leistung. Leistung zu fordern, ist keineswegs konservativ besetzt, was nicht ausschließt, dass ein rigide gehandhabtes Leistungsprinzip einer ungerechtfertigten Selektion dienen kann. Für eine neue Lernkultur ist jedoch weiter zu durchdenken, wie die für die deutsche Lernkultur offenbar charakteristische Entgegensetzung von Leistung und Freude oder Spaß aufgebrochen wird. Es könnte ein Trugschluß sein – durch die Formel von der Spaß- oder Erlebnisgesellschaft begünstigt – , zu meinen, dass Kinder nur Spaß haben, wenn sie sich dabei austoben, albern oder entspannen können. Spaß ist auch mit dem Gefühl verbunden, kompetent, anerkannt zu sein, gebraucht zu werden, eine Sache erfolgreich zu Ende zu führen.

Tab. 10 Widersprüche der neuen schulischen Lernkultur

Bildungsperspektive	
zivilgesellschaftlich	ökonomisch

Bildungsprozess	
Konsistenz	Inkonsistenz
Stabilität	Dynamik

Beziehung zwischen Lebens- und Lernwelt	
Bindung an die Lebenswelt	Eigenständigkeit der schulischen Lernwelt

Bildungsinhalte	
universal	exemplarisch
plural	uniform

Bildungsorganisation	
Deregulierung (Enthierarchisierung, Dezentralisierung)	Regulierung
Deinstitutionalisierung	Institutionalisierung

Bildungsniveau	
Infantilisierung (Spaßkultur)	Professionalisierung Spezialisierung
Nivellierung	Elitarisierung

Bildungssozialität	
Desozialisierung	Gemeinschaft

Gesellschaftliche Verantwortung	staatlich ←→ öffentlich ←→ individuell

Der Erfolg ist vielleicht die intensivste Form des Spaßes. Insofern ist auch zu überdenken, inwieweit die notwendige Konzentration bildungspolitischer Überlegungen auf die sog. Bildungsbenachteiligten (z.b. Jugendliche an der Zweiten Schwelle aus der Berufsausbildung in den Arbeitsmarkt, Immigrantenkinder der zweiten und dritten Generation, Lernbehinderte) nicht durch Überlegungen ergänzt werden sollten, begabte und talentierte Kinder und Jugendliche aus allen Schichten zu fördern, und es bleibt in diesem Zusammenhang wohl auch ein pädagogisch zu begründender Standpunkt, dass heterogene Leistungsgruppen in einem Klassenverband günstige Voraussetzungen der Listungsentwicklung jedes Schülers bieten.. Ich werde noch einmal darauf zurückkommen, aber es könnte zu einem Nachteil der neuen Lernkulturen werden, dass sie in hohem Maße soziale differenziert sind und größere Gruppen aus dem Bildungsgeschehen überhaupt ausgrenzen und als bildungsferne Schichten diskreditieren. Eine solche Vermutung steht im Widerspruch zu den deklarativen Empfehlungen der Vereinigung der Bayrischen Wirtschaft "Bildungsreserven" aus bildungsfernen Schichten, aus der weiblichen Bevölkerung, aus der Gruppe von Zuwanderern und aus der Gruppe der Lernschwachen zu aktivieren. Die Lernkultur fungiert dabei nicht nur als Umwelt, die man verändern muss, wenn sie den Benachteiligten anpassungsgerecht erscheinen soll. Die Individuen praktizieren mit ihrem Lernen oder dessen Verweigerung die Lernumwelt selbst, und so könnte es sich auf die Dauer als kontraproduktiv erweisen, bei den sog. Benachteiligten auf die Forderung nach und die Förderung von Selbstmotivation, -organisation und -kontrolle zu verzichten. Hilflosigkeit kann auch erlernt werden.

Ähnlich umstritten ist die Frage der *Disziplinierung des Lernens*. Die Selbstorganisation des Lernens schließt auch ein hohes Maß an Selbstdisziplinierung ein. Selbstdisziplin ist jedoch Resultat eines Lernprozess, der wiederum eines bestimmten Maßes gewöhnender Disziplinierung bedarf, was sofort den Vorwurf mit sich bringt, preußischen Sekundärtugenden das Wort zu reden.. Es ist das *Maß,* das die Produktivität des Verhältnisses von Fremd- und Selbstdisziplinierung, von Autonomie und Konformität bestimmt. Es nützt nur wenig, das Leistungsversagen deutscher Schulkinder zu beklagen, wenn diese nicht daran gewöhnt werden, auch einmal ruhig zu sitzen, zuzuhören, den anderen ausreden zu lassen, eine Anordnung auch zu befolgen, die z.B. ein kooperatives Lernen ermöglichen soll oder Pflichten wahrzunehmen. Selbstdisziplin könnte sich als wesentliches Moment erweisen, dass von der schon erwähnten Selbstreflexion und Selbstdeutung auch entsprechende Handlungsantriebe ausgelöst werden. Im Sinne der Dialektik von Disziplin und Selbstbestimmung ist es dann auch, wenn Vereinbarungen existieren, unter welchen Bedingungen der Einzelne die disziplinäre Rahmung verlassen kann.

Eine solche Aussage bezieht sich auch auf den Vorwurf, die neue Lernkultur orientiere mit dem selbstorganisierten Lernen auf eine *Vereinzelung des Lernens* und bringe eine Desozialisierung des Lernens hervor. Es ist unbestreitbar, dass die Lernorientierung im Sinne der anzueignenden Kompetenz zur Selbstorganisation die Verantwortung des Lerners für *sein* Lernen erhöht. Aber dieses individuelle Lernen bedarf einer bewussten arbeitsteiligen Lernkooperation, in der jeder einzelne *seine* Lernaufgabe hat, deren Bewältigung die Voraussetzung des erfolgreichen Lernens aller wird. Das Beispiel des Klippertschen Methodenkonzepts orientiert regelrecht auf diese Art von Kooperativität. Allein der Hinweis auf Netzwerke als Merkmale einer neuen Lernkultur reicht nicht, es ist die reflektierte Arbeitsteilung zwischen den Akteuren, die gewünschte Synergieeffekte hervorbringt. Und es ist wiederum auch mit dem Gedanken der Gemeinschaft verträglich, wenn dabei ein Wetteifern um die beste Aufgabenerfüllung einsetzt, ein Wetteifern, das auch die Hilfe für den Zurückbleibenden praktiziert. Die neue Lernkultur orientiert auch auf eine *größere Selbständigkeit der Schulen* in Planungs- und Gestaltungsfragen und die Stärkung von Entscheidungs- und Verantwortungskompetenz der Schule, verbunden mit Konzepten der Selbststeuerung in einem nicht mehr hierarchisch, sondern eher kooperativ gestalteten Rahmen (die Entgrenzung der Institution). Inhalt und Resultat wachsender Selbständigkeit könnten eigenständige Schulprofile sein, die wiederum Schulprogramme mit Schwerpunktbildungen und Entwicklungsperspektiven beinhalten.

8.3. Ist eine neue Lernkultur lehrbar?

Man kann sicher die Kinder nicht lehren, wie man lebt, aber man kann sie lehren, wie man lernt, und insofern ist auch die Antwort zu einfach, dass man eine selbstorganisierende Lernkultur nicht fremdorganisiert lehren kann, sondern jeder sie sich im Prozess des Lernens selbst aneignen und herausbilden müsse. Die Frage nach den Chancen, eine neue Lernkultur zu lehren, führt zu Fragen, für die seit einem Jahrhundert in der Reformschulpädagogik Antworten gesucht werden, die jetzt aber in einem neuen Lernkontext eine Neubewertung erfahren müssten:

Es ist sicher einsichtig, dass eine neue Lernkultur nicht durch ein vermittelndes Lehren in einem Kurs erlernt werden kann, und selbst mit einer solchen Aussage müsste man vorsichtig umgehen, könnte es doch sehr wohl Phasen des Lernens geben, die durch einen Kurs wirksam unterstützt würden. Aber ein verändertes Lernen wird auch eine *Veränderung des Lehrens* bedingen:

- Lehren müsste, um die Selbstorganisation des Lernens zu unterstützen, auf allen Altersstufen selbständiges Lernen ermöglichen und dazu entsprechende Bedingungen und Strukturen anbieten. Der Umgang mit dem Gelernten und Ungelernten müsste für die Schüler erlernbar werden. Auch hier findet pädagogisches Denken ein bearbeitetes Feld vor. Eine Vielzahl von Modellen, Projekten, Konzepten orientiert auf eine Befähigung zum Lernen, das „Lernen lernen" galt regelrecht als Paradigma von Reformversuchen, die fremdgesteuertes Lernen aufbrechen wollten. Aber es ist wiederum nicht so sehr die einzelne Methode oder die spezifische Form des Lernens, sondern die Entwicklung einer Gesamtheit von Kompetenzen, die Lernen als Ressource von Lebensbewältigung und nicht nur ökonomischer Verwertbarkeit der Arbeitskraft auszeichnen.
- Lehren – so Konsens in der Literatur – soll durch die Gestaltung einer anregenden Lernumgebung Lernen *ermöglichen*. Solche anregenden *Ermöglichungsstrukturen* – so die Vorstellung – enthalten in einer „starken Lernumgebung" vor allem lebensnahe Lernsituationen, die so komplex, aufforderungsstark, reichhaltig gestaltet sind, dass die Lernenden nicht mehr allein auf das

Lehren angewiesen sind, sondern ihre eigenen Lernkompetenzen einsetzen können bzw. müssen, um sich neue Lerninhalte selbständig anzueignen. Reformbemühungen des vergangenen Jahrhunderts haben dazu geführt, dass 'Alltagsnähe',' Interessenbezug', 'Subjektorientierung' zu didaktischen Leitkategorien geworden sind und zum Grundverständnis des Lehrens gehören. Eine Kompetenz zur Selbstorganisation bedarf aber auch einer bestimmten Distanz zu den oft erdrückenden Alltagsproblemen. Es ist doch nicht so, dass die Kinder auch in der Schule einen Mangel an Alltag und Alltagsproblemen erleben würden, ihr Problem könnte doch vielmehr darin bestehen, die alltagskulturellen Lebensvollzüge nicht mehr reflektieren, in ihrer Veränderung verfolgen und aus verschiedenen Perspektiven betrachten zu können. Die enge Bindung des kindlichen Lernens an die jeweilige Lebenswelt bedarf auch der Balance zwischen Nähe und Distanz und einer Verständigung über die Beschränktheiten der konkreten eigenen Lebenswelt hinaus. Lehren sollte auch einmal ein Fenster öffnen, aus dem man in Ruhe in die Ferne schauen kann und von dem man aus sich dann wieder zurückwendet. Über die Jahrzehnte hinweg hält sich das Streben, Bildung und Bildungsinhalte unter der Forderung nach Lebensnähe an den zeitgemäßen Erfordernissen zu orientieren. Aber das Lernen lässt sich durchaus auch an unzeitgemäßen Elementen lernen (Mittelstraß 2000, S.57). Es ist wieder die Balance zwischen dem Zeitgemäßen und Unzeitgemäßen der Bildungsinhalte, die gefunden werden muss. Gerade weil eine neue Kultur des Lernens erforderlich ist, die Offenheit, Bewegung, Dynamik einschließt, bedarf es eines festen Bildungsfundamentes, das sich raschen Anpassungszwängen auch entgegensetzt. Die neue Lernkultur bedeutet insofern keine Aufgabe der Vorstellung einer hohen Allgemeinbildung. Worüber gestritten werden muss und schon lange gestritten wird, ist die Struktur, sind die Inhalte dieser Allgemeinbildung. Damit ist auch verbunden, eine Balance zu finden zwischen einem fundamentalen und einem exemplarischen, zwischen einem fachspezifischen und fachüberübergreifenden Lernen. Engführung des Wissens verbindet sich mit der Entgrenzung.

- Folgt man dem Gedanken, das Lehren Lernen ermöglichen soll, wäre es sicher lohnenswert darüber nachzudenken, wie man Lernen und den Lernfortschritt begleitet. Dabei ist wenig genützt, den Begriff des Lehrers durch den des Lernberaters, Lernbegleiters oder Lerncoachs zu ersetzen. Entscheidend ist, ob Lernende und Lehrende die Kraft und Zeit finden, gemeinsam über den Lernfortschritt und die nächsten Schritte zu reflektieren. Eine neue Lernkultur herausbilden, bedeutet in dem Sinne, Lernen zu einem reflektierten Prozess zu machen. Was habe ich erreicht? Was will ich erreichen? Welches Arrangement muss ich dazu sichern? Die Verordnung von Umschulungsmaßnahmen, schulisches Lernen, das nur als Überbrückung von jugendlichen Moratorien gedacht ist, Schulungen als Beschäftigung haben in den letzten Jahren eine Abstumpfung gegenüber dem Lernen hervorgebracht und neben dem Lernbedürfnis eben auch die Fähigkeit und Bereitschaft verschüttet, über das eigene Lernen nachzudenken.

- Eine neue Lernkultur zu fordern, heißt auch die Balance zu den Elementen der „alten" Lernkultur zu finden, diesen Elementen vielleicht sogar eine neue Bedeutsamkeit zu geben. „Internetsurfen, Navigationsprogramme, biographische Rekonstruktionsspiele, Chattdialoge werden unverzichtbare Bestandteile zukünftigen Lernens sein" (Bernhard 2001), aber sie werden auf die oft mühselige Aneignung von Wissensbeständen nicht verzichten können. Eine solche Feststellung schließt ein, dass es auch in Zukunft disziplinäre Wissensbestände gibt, die als Voraussetzung weiterer Kompetenzbildung notwendig gelernt werden. Wir hatten schon festgestellt, dass zu dieser Basisbildung auch die Einsicht in die Zusammenhänge, Verflechtungen, Gliederungen der Lernfelder gehört. Wenn ich mich selbst orientieren soll, mein Lernarrangement selbständig zusammenstellen will, dann muss ich doch erst einmal einen Überblick haben und mich in dem *System* des Feldes bewegen können. Es könnte eine vielleicht in der Vergangenheit entstandene Aversion gegen ideologisch geprägtes oder gefärbtes Systemwissen sein, dass in der Gegenwart dazu geführt hat, auf Übersichten zu verzichten und dem Detailwissen den Vorzug zu geben. Nur ein exemplarisches Lernen wird nicht zur Selbstorganisation befähigen. In einer neuen Lernkultur wird der Lernende auch grundlegende Methoden geistiger Arbeit beherrschen müssen, deren Handhabung geübt werden muss, wobei es eine andere Frage ist, wie kreative Formen des Übens gefunden werden. Mit den Bemerkungen sollte nur sichtbar gemacht werden, dass eine neue Lernkultur keineswegs auf Leistung, Grundlagenbildung, Üben verzichten kann. Eine der künftigen Leistungen pädagogischen Denkens wird es sein, Balancen zu finden. Eine idealtypische Gegenüberstellung von alter und neuer Lern- und Lehrkultur wird dabei wenig erfolgreich sein und möglicherweise sogar ein Weiterdenken und Chancen des Lernens blockieren.

Anmerkungen:

Anm.1: Die hohe Dynamik innerhalb von Lernkulturen lässt es zumindest für die vorliegende Schrift als ratsam erscheinen, auf die Namensgebung "Neue Lernkultur" zu verzichten. Ein solcher Eigenname würde zumindest ansatzweise verlangen, sich der Extension des Begriffes bewusst zu werden. Das Fließen, Bewegen, Transformieren sprechen dagegen, und insofern gebrauche ich „neu" nur als vages Attribut.

Anm.2: Partizipation an der Regelung öffentlicher Angelegenheiten außerhalb der Erwerbsarbeit könnte sich nicht nur als wichtiges politisches Gestaltungsfeld erweisen, sondern auch als Bereich mit hoher Lernintensität, der über eine ökonomische Verwertbarkeit hinausgeht und hilft, dass der Privatmensch in sich den Citoyen entdeckt. „Erst wenn der Mensch seine eigenen Kräfte als gesellschaftliche Kräfte erkannt und organisiert hat und daher die gesellschaftliche Kraft nicht mehr in der Gestalt der politischen Kraft von sich trennt, erst dann ist die menschliche Emanzipation vollbracht. (Marx 1981, S.370). Die in Feldern außerhalb der Erwerbsarbeit ausgeübten Tätigkeiten enthalten vielfältige Lernerfordernisse, und insofern ist es auch unter der Perspektive der Lernkultur notwendig, ehrenamtliche und freiwillige Tätigkeiten hinsichtlich der Lernhaltigkeit der dort praktizierten Tätigkeiten zu werten und aufzuwerten und selbst in den finanziellen Konsequenzen für den einzelnen Bürger zu überprüfen (z.B. im Steuerrecht). Auch politische Bildung wäre danach tätigkeitsintegriert zu leisten. Insofern sind Bewegungen wie die „Agenda 21", „Innoregio", „Lernende Region" auch von hohem bildungspolitischen Interesse, Missachtung solcher Bewegungen verschenkt nicht nur Partizipations-, sondern auch Bildungsmöglichkeiten. Als Mangel erweist sich gegenwärtig die geringe Ausstattung ostdeutscher Regionen mit korporatistischen Strukturen (Vereine usw.) und die nachlassende Bereitschaft, sich an einem bürgerschaftlichen Engagement zu beteiligen.
Bürgerschaftliche Partizipation als essentieller Inhalt der Lernkultur einer modernen Zivilgesellschaft wird ein Verhältnis zu einem anderen Prozess finden müssen, der auch unübersehbar ist: das Warenförmigwerden von Bildung.

Anm.3: Erpenbeck unterscheidet zwischen relativ kontextfreien Kompetenzen, die auf die allgemeinen Fähigkeiten zur Selbstorganisation verweisen und sich z.B. im Selbsterkenntnisvermögen, Selbstdistanz, Werterelativismus, Empathie, Identifikationsbereitschaft oder Interventionsfähigkeit ausdrücken. Die Grund- und Basiskompetenzen (personale, aktivitäts-, fachlich-methodische und sozial -kommunikative Kompetenz) sind in sehr allgemeiner Weise auf gegenständliches und kommunikatives Handeln bezogen und insofern kontextabhängig. Davon lasen sich wiederum abgeleitete Kompetenzen unterscheiden, z.B. im Unternehmensalltag die Assessments, die Stellenbeschreibungen, die unmittelbar kontextbezogen sind und meist auf unmittelbare Problemsituationen bezogen sind. Wesentlich vom Kontext determiniert sind nach Erpenbeck schließlich Querschnittskompetenzen wie interkulturelle Kompetenz, Führungskompetenz, Medienkompetenz.

Anm.4: Der Begriff „soziales Umfeld" schließt zwei Begriffe ein, die selbst der Bestimmung bedürfen: Erstens wird „sozial" sowohl umgangssprachlich im Sinne von fürsorglich, das Gemeinwohl bedenkend (Sozialpolitik, Sozialfürsorge) wie auch sozialwissenschaftlich im Sinne sozialer Beziehungen gebraucht im Sinne aller Phänomene und Geschehnisse, die auf die wechselseitigen Beziehungen der Menschen bezogen sind. Zweitens stellt der Begriff „Umfeld" umgangssprachlich sofort eine gedankliche Assoziation her: „Umfeld von wem oder wovon?" Der Begriff „soziales Umfeld" ist deshalb ein Relationsbegriff und verlangt immer einen Relationsbezug: "A" ist Umfeld von „B". In unserem Kontext wird dieser Bezug durch die Erwerbsarbeit bestimmt. Es schwingt offensichtlich die oben genannte Sinnkomponente einer erwerbsorientierten Arbeitssphäre (dem Ausgangsfeld) mit, in deren Umgebung sich eine andere, davon unterschiedene Sphäre konstituiert, das Umfeld existiert nur in dem Zusammenhang mit dem erstgenannten Feld der Erwerbsarbeit. Insofern ist der Begriff „Umfeld" nicht durch den Begriff „Umwelt" ersetzbar, der mehrfach belegt ist und in der Sozialwissenschaft sowohl den Sinn des (gefährdeten) natürlichen Lebensraumes (Boden, Luft, Wasser, Klima) wie auch den des korrelativen Begriffs zu Person in der sog. Person-Umwelt-Beziehung trägt.

Anm.5: Einen interessanten Zugang zu dieser Begriffswelt bieten das Glossar E-Learning. Ein Wörterbuch von LEARNTEC Karlruhe oder eLearning Glossar von Astrid Gussenstätter (BIBB).

Anm. 6: Erpenbeck bindet mit einer hohen inhaltlichen Konsequenz diese Begriffe an die Lernorte und geht im weiteren davon aus, dass die Lernorte auch die Art und Weise des Lernens hervorbringen oder die Möglichkeiten für bestimmte Lernformen eröffnen. Die Abweichung von dieser Position ist wieder der Kommunikationsökonomie geschuldet. Im Sprachgebrauch vieler Mitarbeiter im Kontext der ABWF hat sich durchgesetzt, das informelle, bzw. formelle oder beiläufige Lernen als Lernformen zu bezeichnen und sie als Moment des Lernprozesses zu sehen. Einer solchen Gewohnheit wird hier gefolgt.

Anm.7: Es ist offensichtlich, dass Bildung zur Ware wird, die marktförmig konzipiert und konkurrierend auf einem Markt realisiert wird (Lohmann/Rilling 2002). Die Orientierung auf die Selbstorganisation des Bürgers in bezug auf seine Bildung macht das Individuum (einschließlich der Kinder) zu einem Kunden, der zwar seinen Bildungserwerb selbst steuert, ihn aber zugleich in allen Belangen (Preis der Bildung, Angebot der Bildung, Kompatibilität der Bildung, Finanzierung) den Marktmechanismen unterwirft. Über Bildung zieht sich schon jetzt ein Gespinst ökonomischer Operationen (Kreditierung von Bildung, Vorsorgesparen für Bildung, Bewertung der Bildungsaufwendungen in bezug auf spätere Rendite), die Bildung im Sinne des Wortes zu einem kulturellen Kapital werden lassen. Es müsste ein Wesensmerkmal alternativer demokratischer Bildungspolitik sein, auf einen kostenfreien Zugang zumindest zu den Bildungsinstitutionen der Allgemeinbildung, wozu auch der Kindergarten gehört, und eine kostenfreie Lernunterstützung für ein selbstorganisiertes Lernen, z.B. mit der schulischen Lernhilfe zu insistieren, die in den Handlungsbereich der Lehrer gehört. Es wäre in der öffentlichen Diskussion auszuhandeln, welche Dienstleistungen marktförmig oder partiell marktförmig sein könnten und welche es auf keinen Fall sein dürften, wenn Chancengleichheit, die auch zu den Essentials der Lernkulturen einer Zivilgesellschaft gehört, nicht verletzt werden soll.

Literatur:

Arnold, R.(1997): Von der Weiterbildung zur Kompetenzentwicklung. Neue Denkmodelle und Gestaltungsansätze in einem sich verändernden Handlungsfeld. In: Kompetenzentwicklung'97'.Berufliche Weiterbildung in der Transformation – Fakten und Visionen. Waxmann Münster/New York/München/Berlin 1997 S.253-307
Arnold, R.(1999): Lernkulturwandel. In: Report – Literatur und Forschungsreport Weiterbildung.Nr.44 Bielefeld, S.31-37
Arnold, R., Lermen, M.(2003): Lernkulturwandel und Ermöglichungsdidaktik – Wandlungstendenzen in der Weiterbildung. Quem-report. Schriften zur beruflichen Weiterbildung. Heft 78 Berlin
Arnold, R., Schüssler, I.(1998): Wandel der Lernkultur. Darmstadt
Aulerich, G. (2003): Der Programmbereich Lernen in Weiterbildungseinrichtungen. In: Zwei Jahre Lernkultur Kompetenzentwicklung. Schriften zur beruflichen Weiterbildung. Quem report Heft 79. Berlin S.191-254

Back, A., Bendel, O., Stoller-Schai, D. (2002): E-Learning – Ein Wörterbuch. Achertäler-Verlag
Baethge, M.(1974): Qualifizierung – Qualifikationsstruktur. In:Wulf, C.(Hrsg.):Wörterbuch der Erziehung. München S.478-484
Baethge, M..(1990): Arbeit und Identität bei Jugendlichen. Psychosozial.13 3, S.67-80
Baethge, M., Baethge-Kinsky,V.(2002): Arbeit – die zweite Chance. In: Kompetenzentwicklung 2001. Waxmann Münster,New York, München, Berlin S.69-140
Baitsch, C.(1996): Lernen im Prozeß der Arbeit- ein psychologischer Blick auf den Kompetenzbegriff. In: Quem-Bulletin H.1 S.6-8
Beck, U. (1993): Die Erfindung des Politischen. Zu einer Methode reflexiver Modernisierung. Frankfurt
Beck, U.(1996): Das Zeitalter der Nebenfolgen und die Politisierung der Moderne. In:ders.u.a:. Reflexive Modernisierung. Ein Kontroverse. Frankfurt S.19-122
Beck, U.(1999):Modell Bürgerarbeit. In: ders.(Hrsg.): Schöne neue Arbeitswelt. Vision: Weltbürgergesellschaft. Frankfurt-New York. S.7-189
Beck, U.(2001):Freiheit in der Balance zwischen Arbeit, Leben und politischer Anteilnahme. In: Das Parlament.19.1.2001
Bergmann, B.(2001): Innovationsfähigkeit älterer Arbeitsnehmer. In: Kompetenzentwicklung '97. Berufliche Weiterbildung in der Transformation. Waxmann Münster, New York, München, Berlin S.13-52
Bernhard, A. (2001): Lernkultur und Zivilgesellschaft. Der neue Lernbegriff als Grundproblem einer kritischen Pädagogik. In: Zukunftswerkstatt Schule.11(2001) 8/9, Berlin S.41-51
Bernien, M.(1997): Anforderungen an eine qualitative und quantitative Darstellung der beruflichen Kompetenzentwicklung. In: Kompetenzentwicklung '97. Berufliche Weiterbildung in der Transformation. Waxmann. Münster, New York, München, Berlin S.17-81
Bildung neu Denken. Das Zukunftskonzept.(2003). Vereinigung der Bayrischen Wirtschaft (vbw) und prognosAG
Blotevogel, H.H.(1996): Auf dem Wege zu einer Theorie der Regionalität. In: Brunn(Hrsg.): Regionen und Regionsbildung in Europa . Baden-Baden S.44-68
Böhm, I., Schneider, J. (1996): Produktives Lernen – eine Bildungschance für Jugendliche in Europa. Schibri-Verlag Milow

Böhnisch, L., Schroer, W.(2001): Pädagogik und Arbeitsgesellschaft. Juventa Weinheim
Böhnisch, L., Schröer, W. (2002a): Soziale Benachteiligung und Kompetenzentwicklung. In: Kompetenzentwicklung 2002. Waxmann. Münster, New York, München, Berlin S.199-224
Böhnisch, L, Schroer, W.(2002 b):Entgrenzung von Jugend. Das Modellprojekt "Netzwerk Jugendliche an der zweiten Schwelle". In: Bulletin. Berufliche Kompetenzentwicklung 6/2002 Berlin
Bolbrügge,G.(1997): Selbstorganisation und Steuerbarkeit sozialer Systeme. DSV Weinheim
Bootz, I.(1999): Weiterbildungsforschung in Netzwerken. In: Lernen im sozialen Umfeld. Zwischenbilanz zum regionalen Modellprojekt. Quem-report Heft 59, Berlin S. 9-21
Bootz, I., Kirchhöfer, D.(2003): Lernen im sozialen Umfeld – ein unverzichtbarer Bestandteil beruflicher Weiterbildung. In: Zwei Jahre „Lernkultur Kompetenzentwicklung. Schriften zur beruflichen Weiterbildung. Quem report Heft 79. Berlin S.139-190
Bunk, G.P.(1994). Kompetenzvermittlung in der beruflichen Aus- und Weiterbildung in Deutschland. In Kompetenzen: Begriff und Fakten. Europäische Zeitschrift für Berufsbildung. (1994)1 S.9-15
Butzin, B.(1996): Kreative Milieus als Elemente regionaler Entwicklungsstrategien? In: Meier, J.(Hrsg.): Bedeutung kreativer Milieus für die Regional- und Landesentwicklung. Bayreuth S.9-37

Dehnbostel, P., Holz, H., Novak, H.(Hrsg.)(1992): Lernen für die Zukunft durch verstärktes Lernen am Arbeitsplatz. Dezentrale Aus- und Weiterbildungskonzepte in der Praxis. Berichte zur beruflichen Bildung. 149. Berlin
Dehnbostel, P.(1999): Zukunftsorientierte betriebliche Lernkonzepte als Integration von informellem und inzidentalem Lernen. In: Dehnbostel, P./ Makert, W./ Novak, H.(Hrsg.) (1999): Workshop – Erfahrungslernen in der beruflichen Bildung. Neusäß S.184-196
Dehnbostel, P.(2001): Perspektiven für das Lernen in der Arbeit. In: Kompetenzentwicklung '97. Berufliche Weiterbildung in der Transformation. Waxmann Münster, New York, München, Berlin S.53-94
Delors, J.(1997): Lernfähigkeit: Unser verborgener Reichtum. UNESCO-Bericht zur Bildung für das 21.Jahrhundert. Brüssel
Deutscher Bildungsrat (1970). Strukturplan für das deutsche Bildungswesen. Stuttgart
Dichanz, H.(Hrsg.)(1998): Handbuch Medien: Medienforschung. Konzepte, Themen, Ergebnisse. Bundeszentrale f. Politische Bildung. Bonn
Dohmen, G.(1996): Das lebenslange Lernen. Leitlinien einer modernen Bildungspolitik. Hrgs.: BBWF Bonn
Dohmen, G.(1999): Informelles Lernen. In: berufsbildung 53(57), S.25ff.
Drexel, I.(1997): Die bilans de competences – ein neues Instrument der Arbeits- und Bildungspolitik in Frankreich. In: Kompetenzentwicklung '97. Berufliche Weiterbildung in der Transformation. Waxmann Münster, New York, München, Berlin S.197- 252
Durkheim,E.(1961): Die Regeln der soziologischen Methode. Neuwied

Ebringhoff, J., Kleemann, F., Matuschek, I., Voß, G. (2003): Subjektivierung von Arbeit. Arbeitsbericht des INAG. Chemnitz und München
Elsen, S.(1998):Gemeinwesenökonomie – eine Antwort auf Arbeitslosigkeit, Armut und soziale Ausgrenzung? Neuwied
Elsen, S.(2004): Lokale Ökonomie, Empowerment und die Bedeutung von Genossenschaften für die Gemeinwesenentwicklung. www.stadtteilarbeit.de
Engelin, M., Neumann, D.(Hrsg.)(2000): Virtuelle Organisation und Neue Medien. Köln. S. 37-52
Erpenbeck, J.(1996): Kompetenz und kein Ende? In: Quem-Bulletin. H 1 S.9-13

Erpenbeck, J. (1997): Selbstgesteuertes, selbstorganisiertes Lernen. In: Kompetenzentwicklung '97. Berufliche Weiterbildung in der Transformation. Waxmann. Münster, New York, München, Berlin S.310-316
Erpenbeck, J. (1999): Wissensmanagement, Kompetenzentwicklung und Lernkultur. In: Quem-Bulletin.3/99
Erpenbeck, J.(2003): Der Programmbereich „Grundlagenforschung". In: Zwei Jahre Lernkultur Kompetenzentwicklung. Inhalte- Ergebnisse – Perspektiven. Quem report 7-90
Erpenbeck, J., Heyse, V.(1999): Die Kompetenzbiographie. Strategien der Kompetenzentwicklung durch selbstorganisiertes Lernen und multimediale Kommunikation. Edition Quem. Band 10. Münster, New York, München, Berlin
Erpenbeck, J., Rosenstiel, L. v.(2003): Kompetenzmessung – Handbuch. Einführung. Waxmann. Münster,New York, München, Berlin IX-XXII

Faure, E.u.a.: Wie wir leben lernen. Der Unesco-Bericht über Ziele und Zukunft unserer Erziehungsprogramme. Reinbek 1973
Faulstich, P.(1997): Kompetenz –Zertifikate – Indikatoren im Hinblick auf arbeitsorientierte Erwachsenenbildung. In: Kompetenzentwicklung '97. Berufliche Weiterbildung in der Transformation.Waxmann. Münster, New York, München, Berlin S.141-196
Faulstich, P.(1999): Einige Grundfragen zur Diskussion um „selbstgesteuertes Lernen". In: Dietrich; Fuchs-Brüninghoff (Hrsg.): Selbstgesteuertes Lernen – auf dem Wege zu einer neuen Lernkultur. DIE Materialien für Erwachsenenbildung 18 Frankfurt S.24-39
Fischer, A., Münchmeier, R.(1997):Die gesellschaftliche Krise hat die Jugend erreicht. In: Jugend 97.12.Shell Jugendstudie Opladen S.11-23
Forum Bildung. Neue Lern- und Lehrkultur (2001). In Materialien des Forum Bildung. Empfehlungen und Expertenbericht. Heft 10.
Frieling, E., Bernard, H., Bigalk, D., Müller, R.F.(2001): Lernförderliche Arbeitsplätze. In: Berufliche Kompetenzentwicklung in formellen und informellen Strukturen. Schriften zur beruflichen Weiterbildung Quem report Heft 69 S.109-140
Franzky, G., Wölfling, S.(Hrsg.)(1997): Lernen in Tätigkeitsfeldern außerhalb von Erwerbsarbeit. Quem-report Schriften zur beruflichen Weiterbildung. Heft 51

Garrick, J.(1998): Informal Learning in the workplace. Unmasiking Human Resource Developmenzt. London New York
Geissler, K.A.(2003): Macht Bildung frei? In: Weiterlernen neu gedacht. Erfahrungen und Erkenntnisse. Quem report Heft 87, Berlin S.47-57
Giddens, A. (1996):Konsequenzen der Moderne. Frankfurt
Gross, P.(1999): Die Multioptionsgesellschaft. In: Pongs, A.(Hrsg.): In welcher Gesellschaft leben wir eigentlich? Gesellschaftskonzepte im Vergleich. München
Gussenstätter, A. (2003): Elearning. Glossar.BIBB Berlin
Hauriou, M.(1965): Die Theorie der Institution. Berlin
Hartmann, Th.(1999): Das regionale Modellprojekt. In: Lernen im sozialen Umfeld. Zwischenbilanz. Quem report. S.23-52-
Hartmann, Th., Meyer-Wölfing, E.(2002): Lernen im sozialen Umfeld und Innovation. In: Berufliche Kompetenzentwicklung.Bulletin.5/2002 Berlin
Hillmann, K.-H.(1994):Wörterbuch der Soziologie. Kröner Stuttgart
Hoffmann,E., Walwei,U.(2002):Wandel der Erwerbsformen. In: Kleinhenz,G.(Hg.): IAB-Kompendium. Arbeits- und Berufsforschung. 250 S.135-144
Hofkirchner, W.(2001): Projekt Eine Welt. Kognition, Kommunikation, Kooperation. Versuch über die Selbstorganisation der Informationsgesellschaft. LIT Münster

Holzkamp-Osterkamp, U.(1981): Grundlagen der psychologischen Motivationsforschung. Beiträge zur Psychologie. Volk und Wissen Berlin

Jurczyk, K., Voß, G.G.(1995): Zur gesellschaftsdiagnostischen Relevanz der Untersuchung von alltäglicher Lebensführung. In: Projektgruppe(Hrsg.): Alltägliche Lebensführung. Leske und Budrich. Opladen

Kade, S.(1983): Bildung oder Qualifikation? Zur Gesellschaftlichkeit beruflichen Lernens. In: ZfPäd(29) S.859-876

Karcher, W., Overwien, B.: Zur Bedeutung allgemeiner Kompetenzen im städtischen informellen Sektor und Bedingungen für ihren Erwerb. In: ZEP 21(1998)Heft 1 S.8-14

Kirchhöfer, D.(1998): Begriffliche Grundlagen des Programms Lernen im sozialen Umfeld. Quem-report. Schriften zur beruflichen Weiterbildung. Heft 56

Kirchhöfer, D.(2000): Informelles Lernen in alltäglichen Lebensführungen. Quem-report Schriften zur beruflichen Weiterbildung. Heft 66

Kirchhöfer, D. (2001): Perspektiven des Lernens im sozialen Umfeld. In: Kompetenzentwicklung 2001. Waxmann Münster/New York/München/Berlin. S.95-142

Kirchhöfer, D.(2001): Widersprüche in der Herausbildung einer neuen Lernkultur. In: Arbeiten und Lernen. Lernkultur Kompetenzentwicklung und Innovative Arbeitsgestaltung. Quem- report. Schriften zur beruflichen Weiterbildung. Berlin S.119-129

Kleemann, F., Voß, G.G.: Telearbeit und alltägliche Lebensführung. In: Büssing, A., Seifert, H.(Hrsg.): Die Stechuhr hat ausgedient: Flexiblere Arbeitszeiten durch technische Entwicklungen. ed. Sigma Forschungen der Hans-Böckler-Stiftung Berlin 1999 S.147-172

Klemm, U.(2001): Leben und Lernen ohne Schule PÄD Forum. Aug.

Klippert, H.(2000): Pädagogische Schulentwicklung. Weinheim

Kocka, J. (2001): Thesen zur Geschichte und Zukunft der Arbeit. In: Aus Politik und Zeitgeschichte, B B21, S. 8-13

Knoll, H.J.(2003): Lernkultur und Kompetenzentwicklung. Für eine Ausweitung eines Blicks auf öffentliches Handeln. Schriften zur beruflichen Weiterbildung. Quem report Heft 78 S.121-128

Küchler v. F., Schäffter, O.: Organisationsentwicklung in Weiterbildungseinrichtungen. Studientexte für Erwachsenenbildung. DIE 1997

Kugemann, W., Ludwig, E.(2003): Ausgrenzung oder soziale Teilhabe – Potenziale von E-Learning und ihre Wirkungsbedingungen. In: Quem-report Heft 80, S.137-176

Leontjew, A..N.(1973): Tätigkeit, Bewusstsein, Persönlichkeit. Berlin

Liebel, M.(1994): Wir sind die Gegenwart. IKO TU Berlin

Lipski, J.(2001):Lernen und Interesse. In: Informelles Lernen in der Freizeit. Erste Ergebnisse des Projekts "Lebenswelten als Lernwelten". DJI München S.5-11,43-49

Livingstone, D,W.(1999):Informelles Lernen in der Wissensgesellschaft. In: Kompetenz für Europa. Wandel durch Lernen – Lernen im Wandel. Quemreport. Schriften zur beruflichen Weiterbildung. S.65-92

Lohmann, I., Rilling, R.(Hrsg.)(2002): Die verkaufte Bildung. Opladen

Luhmann, N.(1991): Soziale Systeme. Grundriß einer allgemeinen Theorie. Frankfurt

Lutz, B.(2001): Ostdeutsche Jugendliche und das Problem der Zweiten Schwelle. In: Kompetenzentwicklung 2001. Tätigsein- Lernen-Innovation. Waxmann Münster New York München Berlin S.147-202

Marsick, V., Watkins, K.(1999): Facilitating Learning Organisations. Aldershot.

Marx, K.(1977): Ökonomisch-philosophische Manuskripte(1844). In: MEW Berlin Egbd.1.1

S. 467-588
Marx, K.(1983): Das Kapital. MEW 23-25 Berlin
Marx, K.(1981): Zur Judenfrage. In: MEW 1, S.347 – 377
Malinowski, B.(1944): A scientific theory of culture. Chaper Hill.
Maturana, H.R. (1987): Kognition. In: Schmidt, S.J.(Hrsg.): Der Diskurs des Radikalen Konstruktivismus. München, S.67-98
Matiaske, R.; Keil-Slawik, R.(2003): Der Programmbereich "Lernen im Netz und mit Multimedia" In: Zwei Jahre Lernkultur-Kompetenzentwicklung. Schriften zur beruflichen Weiterbildung. Report Quem 79 Berlin S.255-292
Matthiesen, U., Reutter, G.(2003): Lernende Region – Mythos oder lebendige Praxis. Bielefeld
Mead, G.H.(1968): Geist , Identität und Gesellschaft. Frankfurt
Mertens, D.(1988): Das Konzept der Schlüsselqualifikationen als Flexibilisierungsinstrument. In: Report 22 S.33-46
Mittelstraß, J.(2000): Zeitgemäße unzeitgemäße Bildung. Über die zwei Seiten der Ökonomisierung der Schule. In: Neue Zürcher Zeitung. 6.Juli 2000 Nr.155 S.57
Modaschl, M., Voß, G. G. (2002): Subjektivierung von Arbeit. München: hampp.
Moldaschl, M.(2003): Nachhaltigkeit von Arbeit und Rationalisierung. Beitrag zur Tagung: Nachhaltigkeit von Arbeit und Rationalisierung. TU Chemnitz.23./24.Jan.2003
Münch, J.(1995): Qualifikation und Kompetenz. In: ders. Personalentwicklung als Mittel und Aufgabe moderner Unternehmensführung. Bielefeld
Mutz, G.(2001): Der souveräne Arbeitsgestalter in der zivilen Arbeitsgesellschaft. In: Aus Politik und Zeitgeschichte, B B21, 14-23

Negt, O.(2001): Arbeit und menschliche Würde. Steidl Verlag Göttingen
North, K:, Friedrich, P.(2004): Kompetenz zur Selbstorganisation. In: Quem-Bulletin April S.1-6
Nuissl, E., Schiersmann, Chr., Siebert, H.(Hrsg.): Pluralisierung des Lehrens und Lernens. Deutsches Institut für Erwachsenenbildung. Frankfurt1997

OCED(Hrsg)(1996): Lifelong Learning for all.Employment and Growth in the knowledge based economy. Paris
OCED(Hrsg.)(1998): Redefining tertiary education. Paris
Overwien, B., Lohrenscheit, C., Specht, G.(Hrsg.)(1999): Arbeiten und Lernen in der Marginalität. IKO TU Berlin
Overwien, B.(2002): Informelles Lernen, eine Herausforderung an die Internationale Bildungsforschung. In: Dehnbostel, P/Markert, W./Novak, H.(Hrsg.): Erfahrungslernen in der beruflichen Bildung – Beiträge zu einem kontroversen Konzept.(im Druck)

Paschen, H., Banse, G., Coenen, Chr., Wingert, B.(2001): Neue Medien und Kultur. Arbeitsbericht Nr.74 Büro für Technikabfolgeschätzungen. Karlsruhe
Parsons,T.(1951): The social System. Glenoe
Peitgen, H.-O., Hartmut, J., Saupe, D. (1994): Chaos. Baustein der Ordnung. Publisher Stuttgart
Pongratz, H.J.(2001): Arbeit und Leben. In Wörterbuch Erwachsenenpädagogik. S.26
Projektgruppe Alltägliche Lebensführung (Hrsg.)(1995): Alltägliche Lebensführung. Arrangements zwischen Traditionalität und Modernisierung. Opladen

Reglin,Th., Hölbling, G.(2003): Kompetenzentwicklung mit Neuen Medien? In: Quemreport Heft 80

Reuther, U., Weiß, R.(2003): Der Programmbereich Lernen im Prozess der Arbeit In: Zwei Jahre Lernkultur-Kompetenzentwicklung. Schriften zur beruflichen Weiterbildung. Report Quem 79 Berlin S 91-138
Reichwald, R., v.Rosenstiel, L.(2004): Innovationsprozess, Kompetenzentwicklung und neue Beschäftigung. BMBF Berlin
Reischmann, J.(1997): Self-directed Learning – die amerikanische Diskussion. In: Literatur – und Forschungsreport Weiterbildung. Themenheft: Lebenslanges Lernen – selbstorganisiert? Frankfurt Heft 39 S.125-137
Rosenstiel, L. v., Wastian, M.(2001): Wenn Weiterbildung zum Innovationshemmnis wird. Lernkultur und Innovation. In: Kompetenzentwicklung '97.Berufliche Weiterbildung in der Transformation. Waxmann. Münster, New York, München, Berlin S.203-246
Ruloff, J.(1998): Bildung heute. In: Pädagogische Korrespondenz. Heft 21,S. 23-31

Schäffter, O.(2001) Transformationsgesellschaft. In: Wittpohl, J.(Hrsg.): Theorienbetrachtungen. Erwachsenenbildung im Horizont konkurrierender Zeitdiagnosen. Baltmannsweiler
Schäffter, O.(1998):Weiterbildung in der Transformationsgesellschaft. QUEM Berlin
Schiersmann, Chr./Remmele, H.(2002): Neue Lernarrangements in Betrieben. Theoretische Fundierung- Einsatzfelder – Verbreitung. Schriften zur beruflichen Weiterbildung. Quem report. Berlin
Schimmerl, U. (2002): Lernen Eltern Schule machen Die Zeit Nr.25 13.7.2002
Schmidt, S.J.(1994): Kognitive Autonomie und soziale Orientierung. Konstruktivistische Bemerkungen zum Zusammenhang von Kognition, Kommunikation, Medien und Kultur. Frankfurt am Main
Sennett, R. (1998): Der flexible Mensch. Berlin-Verlag Berlin
Severing, E.(2001):Entberuflichung der Erwerbsarbeit – Folgerungen für die betriebliche Bildung. In: Kompetenzentwicklung 2001.Tätigsein-Lernen-Innovation. Waxmann Münster New York München Berlin, S.247-280
Siebecke, D., Pelka, B.(2004):Flexible Erwerbsbiographien. In: Päd Forum 4/2004, S.212-216
Siebert, H.(1983): Erwachsenenpädagogik als Bildungshilfe. Bad Heibrunn
Siebert, H.(2001): Erwachsene – lernfähig, aber unbelehrbar. In: Kompetenzentwicklung 2001. Waxmann. Münster New York München Berlin S.281-334
Staudt, E., Kriegesmann, B.(1999): Weiterbildung. Ein Mythos zerbricht. In: Kompetenzentwicklung 99. Waxmann Münster New York München Berlin S.17-55
Staudt, E., Kley, Th.(2001): Formelles Lernen- informelles Lernen- Erfahrungslernen.Wo liegt der Schlüssel zur Kompetenzentwicklung von Fach- und Führungskräften? In: Berufliche Kompetenzentwicklung in formellen und informellen Strukturen. Schriften zur beruflichen Weiterbildung. Quem report. Heft 69, S. 227-276
Staudt, E., Meier, A.J.(1996): Reorganisation betrieblicher Weiterbildung. In:ABWF (Hrsg.):Kompetenzentwicklung'96. Berlin, S. 263-336
Steffens, G. (2000): Wiederkehr der Fetische. Begriffs- und Ideenmoden im Bildungsdiskurs. In: Blätter für deutsche und internationale Politik. 45(2000)9 S.1125-1132
Stieler-Lorenz, B., Krause, A.(2003): Mit E-Learning zum I-Learning – die Herausforderung zur kompetenzförderlichen Lernkulturgestaltung. In: Quem-report Heft 80 Berlin
Straka, G.(2000): Lernen unter informellen Bedingungen. In: Kompetenzentwicklung '2000. Berufliche Weiterbildung in der Transformation. Waxmann. Münster New York München Berlin S.15-70

Varela, F.J.(1987): Autonomie und Autopoiese. In: Schmidt, S.J.(Hrsg.): Der Diskurs des Radikalen Konstruktivismus. München, S.155-178

Vieth, P.(1995): Kontrollierte Autonomie. Neue Herausforderungen für die Arbeitsgesellschaft. Heidelberg.
Voß, G.G.(1991): Lebensführung als Arbeit. Über die Autonomie der Person im Alltag der Gesellschaft. Enke Stuttgart 1991
Voß, G.G. (1998): Die Entgrenzung von Arbeit und Arbeitskraft. Eine subjektorientierte Interpretation des Wandels der Arbeit. In: Mitteilungen aus der Arbeitsmarkt- und Berufsforschung. 31(1998) Heft 3 S.473-487
Voß, G.G., Pongratz, H.J.(1998): Der Arbeitskraftunternehmer. Eine neue Grundform der „Ware Arbeitskraft"? In: Kölner Zeitschrift für Soziologie und Sozialpsychologie. Heft 50 1998 S.131-158
Weinert, F.E.(1982): Selbstgesteuertes Lernen als Voraussetzung, Methode und Ziel des Unterrichtes. In. Unterrichtswissenschaft, 10(1982) 2 S.99-110
Weinberg, J.(1996): Kompetenzerwerb in der Erwachsenenbildung. In: Hessische Blätter für Volksbildung.3/96 S.2o9-216
Weinberg, J.(1999): Lernkultur – Begriff, Geschichte, Perspektiven. In Quem: Kompetenzentwicklung 99. Waxmann. Münster New York München Berlin S.81-146
Weinberg, J.(2001): Kompetenzentwicklung in regionalen Lernkulturen. In: Strob, B.(Hrsg.): Vereintes Lernen. Waxmann. Münster New York München Berlin
Wörterbuch Erwachsenenpädagogik (Hrsg. Arnold,R.; Nolda,S.; Nuissl,E.). Klinkhardt
Zymek, B.(1996): Der Stellenwert des deutschen Einigungsprozesses in der Bildungsgeschichte des 20.Jahrhunderts. In: Helsper, W., Krüger, H.H., Wenzel,H. (Hrsg.): Schule und Gesellschaft im Umbruch. Bd 1 Theoretische und internationale Perspektiven. Weinheim S.29-47

Karin Ziegler / Franz Hofmann / Hermann Astleitner

Selbstreguliertes Lernen und Internet

Theoretische und empirische Grundlagen von Qualitätssicherungsmaßnahmen beim E-Learning

Frankfurt am Main, Berlin, Bern, Bruxelles, New York, Oxford, Wien, 2003.
141 S., 7 Abb., 1 Tab.
ISBN 3-631-51240-6 · br. € 27.50*

Lernen im Internet ist vor allem selbstreguliert. In dieser Arbeit wurde das Ziel verfolgt, die pädagogischen Grundlagen zur Entwicklung eines Internet-basierten Lernprogramms zur Förderung selbstregulierten Lernens zu schaffen. Zu diesem Zweck wurden ein Literaturreview und eine Expertenvalidierung durchgeführt, die folgende Variablen als besonders lernwirksam identifizierten: konstruktive ziel- bzw. standardbezogene Selbstbeobachtung, offene Lernumgebung mit Lernunterstützung, Kleingruppenarbeit, Förderung motivationaler und emotionaler Prozesse, selbstinstruktive Lehrmaterialien, hohe Meisterschaftsziele, fachspezifische Integration und multiple Intervention auf der Basis allgemeiner und fachspezifischer Lehrinhalte.

Aus dem Inhalt: Theoretische Ansätze und empirische Belege zum selbstregulierten Lernen · Implikationen für einen Lernführerschein · Umsetzung in eine E-Learning-Plattform · Qualitätsmanagement von E-Learning-Maßnahmen · Ergebnisse einer Expertenvalidierung

Frankfurt am Main · Berlin · Bern · Bruxelles · New York · Oxford · Wien
Auslieferung: Verlag Peter Lang AG
Moosstr. 1, CH-2542 Pieterlen
Telefax 00 41 (0) 32 / 376 17 27

*inklusive der in Deutschland gültigen Mehrwertsteuer
Preisänderungen vorbehalten
Homepage http://www.peterlang.de